CARLOS MÁRQUEZ

El amanecer de lo singular

Once textos sobre psicoanálisis y actualidad

Dedicado a María Auxiliadora,
María Rosa y Carla Isabel.

ÍNDICE GENERAL

PRÓLOGO

Ana Viganó[*].

Siempre me han gustado los amaneceres. Y *El amanecer de lo singular* es ante todo el amanecer de un libro, lo cual es más que buena noticia en tiempos en los que una y otra vez los agoreros de la incertidumbre pronostican su desaparición.

Juego. Me gusta hacerlo y como diría Márquez, no tengo por qué ocultarlo. La tan mentada desaparición en los baúles del recuerdo destinados a una época pasada refiere no sólo a los libros impresos o aun a la noción misma de qué es un libro y sus variaciones.

Frente al avance imparable de la tecnología digital, la transformación cognitiva que hizo su entrada triunfal con la lógica de ventanas emergentes en las computadoras y confirmó su realeza con la llegada de Internet y la arborización de links; la mutación de la costumbre narrativa por el contenido informativo comprimido en flashes, tuits o el minuto a minuto de un partido de fútbol que una vez concluido, pierde absoluta relevancia de escritura; frente a frente con ello, el libro es un sobreviviente rebelde que insiste.

Pero la amenaza de aniquilación refiere todavía y sin dudas al psicoanálisis mismo cuya inminente muerte ha sido proclamada equívocamente más de una vez. Y aún hay más. La idea de lo singular es la que se ve amenazada como nunca en estos tiempos, quizás porque estos tiempos son también fruto de una manera de concebir lo singular que ha cambiado la historia. Allí donde la época y sus paladines promueven una retroalimentación continua orientada como nunca a que la individualidad se realice como autogestada, a que los sujetos crean que las riendas están en sus manos y que con ellas dirigen sus destinos a fuerza de pensamientos insistentes y frases programáticas; a brío de mapeos genéticos y neuronales que albergan la esperanza de un plan de ruta objetivo y objetivable o a

---

[*] Psicoanalista argentina, miembro de la NEL (Nueva Escuela Lacaniana) y de la AMP (Asociación Mundial de Psicoanálisis), actualmente reside en México D.F.

golpes de químicas siempre dispuestas a suplir la dimensión de responsabilidad sobre los propios deseos y goces; allí donde la tecla *delete* puso ante nosotros la posibilidad de virtualmente hacer y deshacer, tocar y retocar, borrar los tropiezos sin huella ni caminos de rectificación o corrección, e incluso imaginar que reiniciar es siempre posible sin marcas, que amaneceres pueden sucedernos a puro empeño de voluntad y determinación, la idea de un amanecer de lo singular es la apuesta por una dimensión que toma de la teoría del acto su fuerza, pero que ubica una topología en la que espacio-tiempo y acontecimiento cobran una relevancia inédita.

Por eso el autor desliza su pluma intentado, a veces, mostrar. En ocasiones, el recorrido fluirá en las vías de la demostración. Y en otras más, vencer alguna contienda es su consigna. Y me detengo un momento en ello. Porque no se trata solo de las contiendas que la vida le ha puesto a Márquez en estos años y en las que se ha visto concernido y por ello convocado a debatir. Creo que tampoco se trata solo del gusto de Márquez en relación a la enseñanza e investigación -propias también del campo del que proviene su formación universitaria en ciencias sociales-. Vencer es, desde que Freud inventara al psicoanalista y con él una nueva forma de lazo social irreductible a las ya existentes y crucial en su novedad histórica, el significante que ubica que tanto la práctica puertas adentro de los consultorios como la presencia de los psicoanalistas en las ciudades en donde esta práctica sucede establece un campo de batalla en el que paradójicamente no se trata de ganar ni de triunfar de ningún modo -recordemos que para Lacan, si algo puede triunfar en todo caso se tratará de la religión-.

Supervivencia es lo que Lacan propone y que puedo leer aquí como forma de vencer, haciendo ex-sistir el psicoanálisis y con él la posibilidad de un singular siempre del orden de la invención única e irrepetible, que no sea fagocitado por la maquinaria de los universales ni los particulares, ni por los circuitos de un goce que se pretenda elevado a la condición de cielo -o de infierno-, bien nombrado en las páginas que siguen como la autofundamentación en el propio goce.

Así es como vemos amanecer un autor, que es también psicoanalista.

Y entendemos entonces que Márquez inicie su travesía por un "desde dónde se lee" que no puede sino llevarnos a la ética en juego de inicio a fin. Un "desde dónde" que enlaza la noción de un cierto amor genuino y peculiar tanto a los decisivos momentos de inicio y final del recorrido analítico -amor en los plenos y múltiples sentidos de la palabra, y muy especialmente en lo que hace al sujeto enamorado por sus tormentosos enredos con la verdad- sino que también enlaza a quienes optamos por esta práctica en las filas de un "partido de los que quieren que lo real" -al que se opone la verdad aun siempre relativa a éste- "tenga un lugar en este mundo".

Varias páginas bordearán las variaciones de la verdad, lo verdadero, lo falso, lo real y la transferencia. En cada una de ellas puede el lector encontrar esclarecimientos inteligentes bajo formas claras de transmisión, propias del estilo del autor y su propia satisfacción en juego que destila su escritura y que él mismo no teme esconder, por fortuna.

Pasarán hoja tras hoja por Woody Allen, Blue Jasmine y el factor de corrección; el Papa, la fisión y la fusión nuclear; los fundamentos de una Escuela de psicoanálisis y los efectos de formación que velan por la supervivencia de analistas en el siglo XXI; la hermenéutica, los efectos de sentido, contrasentido y el sentido paradójico; la mutación de la física en el siglo XX y su modo de proponer una comprensión del universo que incluya como defecto de cálculo la variable especulativa de una manera nunca antes concebida en la historia del pensamiento. Y estarán aquí, a ojo de buen cubero, en la mitad del libro.

Si éstas son las páginas que lo abren, las que lo cierran no pretenden cerrar más que la experiencia de recorrer párrafo a párrafo el objeto que el lector tiene ahora entre sus manos. Pero de ninguna manera proponen cerrar la dimensión de experiencia de lectura -concepto fundamental no solo para el acto de leer sino para la experiencia misma de atravesar un análisis-.

Seguirán leyendo luego de cerrar el libro.

Porque volverán sobre sus páginas haciendo sus propios zurcidos, bordados y extractos. Porque seguirán resonando ideas en busca de lozanas flexiones y reflexiones. Porque "lo indómito", que la segunda parte presenta, se despertará en los lectores que consientan a dejarse tocar por la fuerza de los ejes rectores de cada capítulo, instando a encontrar nuevas escrituras.

Auguro. Deseo. Anticipo. Prevengo.

Transitarán entonces -si han decidido hacerlo-, por el hombre de los lobos y la fijación de goce; las invasiones zombis en la literatura y el cine, y la idea de epidemia como forma de existencia social; el lugar del padre y el goce femenino; San Juan de la Cruz, Björk, Dogma y el goce suplementario; Two and a half men, Depeche Mode y el significante de la falta en el Otro; las fórmulas de la sexuación y la clave del paso del tiempo; la repetición y la iteración; Romeo y Julieta, Her, el amor necesario, trágico e imposible; el cuerpo que estorba y la Otredad; para caer en la cuenta al filo de las últimas páginas, del amor -nuevo amor- aun.

A veces montaña rusa, a veces calidoscopio, la secuencia no pierde rigor ni entretenimiento lo que agradecemos tanto los lectores ya formados en algunos de los conceptos trabajados, como aquellos que apenas se animan a saber sobre el psicoanálisis y echan a andar con este libro sus primeros pasos.

Recopilación de once escritos producidos cada uno por su propia causa reconocible en cada caso -Márquez lo anuncia en su Introducción- pero reconducible a una causa común que habla quizás del autor incluso más de lo que aquí he apuntado, y que atraviesa los textos haciendo de ellos una serie orientada. Es un libro que contagiará el deseo, en la singularidad de cada lector. Piezas sueltas que configuran una forma distinta según se las ilumine.

Y a ello estamos felizmente convocados: a dar nuevas luces e inédita proyección a esta causa que le anima, con la causa de cada uno.

Causa que se revela análoga a los números primos que Márquez nos recuerda citando a Freud: no susceptibles de ulterior división, indescifrables en sí mismos pero llaves del desciframiento posible de todo lo demás; solitarios estructuralmente -¡cómo no recordar aquí a Paolo Giordano y su novela!-, pero capaces de volverse germen del lazo, conjurando la maldición de la soledad para volverla b(i)endi(c)ción de lo posible en la frontera de lo imposible.

INTRODUCCIÓN

...Desde fuera del mundo, aunque todas las cosas puedan preconcebirse en la Música o preverse en una visión lejana, a los que en verdad penetran en Eä las criaturas siempre los sorprenderán, como algo novedoso que nunca fue anunciado.

J.R.R. Tolkien, Quenta Silmarillion.

Esta es una recopilación de once escritos elaborados en su mayoría en los últimos dos años. Van moviéndose por los temas prescritos por los congresos y encuentros del movimiento psicoanalítico, y al mismo tiempo retoman – es inevitable – algunas de las elaboraciones que adelanté en mis dos libros anteriores.

Si bien hay un cuidado en cada uno de los trabajos que presento, no hay un esfuerzo de síntesis. No intenté la elaboración de una monografía, o de una tesis. Quise dejarlos cada uno como se produjo, con las relecturas y ediciones necesarias. Alguno fue producto de una intervención en un cine foro; otros fueron conferencias elaboradas pensando en un público al que me interesaba subrayar la importancia de la pertenencia a la institución psicoanalítica en la formación de los psicoanalistas; otro tal vez es una respuesta a algo que un colega planteó en el trabajo cotidiano de la Sede en Caracas de la Nueva Escuela Lacaniana, o una puntualización a alguno de mis estudiantes de la Universidad o del Centro de Investigación y Docencia en Psicoanálisis, o inclusive a algún colega en otro país, que a través de las redes sociales planteara un problema sobre el que me interesara ocuparme.

Cada uno está dirigido a alguien, está pensado como una carta de amor. Si Lacan, extendiendo el ascrto de Buffon, dice que "el estilo es el Otro a quien se dirige", podría decirse que hay aquí once destinatarios. Algunos textos querrán mostrar, otros demostrar. Alguno querrá vencer en alguna contienda. Hay una fuerza centrífuga que impide la síntesis y que consiste en el cultivo del estilo. Tarea en la que encuentro una satisfacción que no tengo por qué ocultar, sobre todo si me parece que mostrar esto puede tener algún valor de enseñanza en el campo que me interesa.

La fuerza centrípeta, lo que organiza el libro, está dada por el impacto que tuvo desde 2004 sobre mí la formulación de los "Principios rectores del acto psicoanalítico". No había tenido la oportunidad de dedicarme a reflexionar sobre ellos. Sobre todo porque cuando me ponía a pensar sobre este curioso dispositivo era poco lo que podía añadir, aunque me fui dando cuenta de que se los podía utilizar. Y efectivamente se puede decir que todos los trabajos aquí presentados los toman como referencia directa o indirecta. Esa es la columna vertebral del libro, el cordel por el que se hacen pasar las cuentas que son los once trabajos.

Por supuesto el hecho de que alguien le encuentre utilidad a esto en su propio recorrido constituye una apuesta. De modo que no es un libro pensado para un público genérico, pero tampoco es un libro para un público demasiado especializado. Si bien no es para todos, tampoco lo es para una élite y lo que le da este carácter es que estoy intentando cada vez explicar a alguien algo que necesito aclararme a mí mismo. Pues el destinatario de cada carta de amor es doble: la persona a quien se dirige, y el enigmático objeto que uno ha puesto en ella.

Preocu-pasiones de un padre de familia.

En la adaptación cinematográfica del libro de Max Brooks Guerra Mundial Z, aparecida en 2013, se puede hablar de cierta estilización del zombi. Un objeto cultural que apareció en la segunda mitad del siglo XX y que hoy goza de una amplia difusión. De esa estilización tomaré cuatro puntos que me interesa resaltar.

En primer lugar está la caída del problema de la causa. En otro lugar mostré cómo esto se despliega de diferentes modos en Romero, Brooks y Kirkman (1 pág. 19). También en la puesta en escena del pánico que hace Ionesco con su obra de 1959, Rinocerontes. La caída del problema de la causa se expresa en la pérdida de interés de los personajes sobre el origen o la historia, al encontrarse frente a un puro acontecimiento (1 pág. 35).

En la novela de Brooks el protagonista realiza la investigación expostfacto, de manera que nada sabemos de lo que pasó con él durante la emergencia. Ahí el virus Solanus está desde el principio con la humanidad como el virus de la gripe o de la rabia. Lo zombi estaría con nosotros desde siempre, brotando aquí y allá, y es ahora con la globalización que se hace una epidemia mundial que amenaza a toda la civilización y a su sustrato biológico. En cambio en la película, Brooks se da la mano con Kirkman y Romero, pues no aparece ninguna explicación al respecto. La emergencia no da tiempo para investigar, para plantearse el problema de la causa.

El segundo punto es el del desplazamiento de un zombi deambulador y devorador, típico de los tres autores, a un zombi cazador y mordedor. Recordemos que el zombi deambulador y devorador es para su creador Romero una expresión metafórica del consumismo (2). El tempo de la película simplifica al extremo al cuerpo muerto y levantado como una marioneta del virus como vector de contagio. Todo el escenario *gore*, sanguinolento del zombi devorador, queda reducido a estas avalanchas que se pacifican solo cuando ya no hay más cuerpos vivientes humanos que contagiar. Habrá que preguntarse por un consumismo de degustación, de mordisco, más que de devoración. Pasaríamos así del zombi de atracón, que literalmente se revienta de tanto tragar, al anoréxico, que mordisquea pasando rápidamente de un objeto a otro, comiendo nada.

Con el zombi que pasa de un modo deambulador a uno cazador queda abolida la separación entre el zombi rápido y el zombi lento. El cuerpo títere, vector de contagio del virus, se mueve con actos reflejos: el castañeo de los dientes, los espasmos en las extremidades, el olfateo. Es un cuerpo que no se organiza por ninguna imagen de totalidad, un cuerpo fragmentado, esquizoide, sin *gestalt* o unidad yóica. A pesar del escamoteo biologicista, el cuerpo del zombi nos sigue recordando lo que existe en el nivel pulsional del cuerpo del hablante. Y aunque eso estuvo supuesto siempre en el zombi lento, queda remarcado aquí de un modo nuevo.

El tercer punto es un detalle. Un personaje dice en un diálogo que solo se mata al zombi disparándole en la cabeza, cosa ya sabida, pero que hay que evitar matarlos porque eso solo enfurece más a los demás, cosa totalmente nueva. Brooks había dejado siempre en una incógnita la socialidad del zombi. Sin embargo los gruñidos de un zombi sirven como llamado para otros, ahora se suma esto otro al gregarismo del zombi.

Último punto. En la película se sabe que se trata de algo viral, lo cual permite el avance de la hipótesis del camuflaje bacteriano, puesto que el virus buscaría hospedarse en los cuerpos vivos y sanos, enfermando nos haríamos invisibles a los zombis. Aquí hay una inversión, en los libros de Brooks una vez contagiado alguien no solo muere, sino que el virus protege a su cuerpo de los depredadores haciéndolo venenoso, y adicionalmente lo protege de la descomposición con un efecto antibiótico sobre las bacterias encargadas de la putrefacción. Estos elementos aportan realismo porque algunos simbiontes se comportan de modo parecido en la naturaleza. Las imágenes del soldado cojo, el anciano y del niño flaco siendo rodeados por las avalanchas de zombis y luego la deducción que hace Gerry sobre ello, plantea de nuevo algo que traté en "Zombis, rinocerontes y la verdad en psicoanálisis". Esta época tiene una intuición muy clara sobre la función del síntoma como salida de la masividad (1 pág. 39). Lo cual no significa que el psicoanálisis de orientación lacaniana la acompañe en sus conclusiones y prácticas sobre el síntoma.

Resumiendo tenemos que las cuatro traslaciones de esta estilización del zombi son: radicalización de la caída del problema de la causa; mostración del consumismo como fundamentalmente anoréxico y del cuerpo como algo caótico y fragmentado; una nueva naturalización de un modo de específico de organización social, la masa espontánea, que pasa de episódico y contingente a normal y estructural; y finalmente una intuición muy clara de que el síntoma tomado como déficit tendría un papel en el intento de subversión de este nuevo orden, siempre olvidando su entramado significante y de satisfacción y enmascarándolo como una disfunción de lo biológico.

De todos estos elementos nos concentraremos en el tercero, una nueva manera de existir en lo social. En la globalidad, más que frente a epidemias de fascismo o de consumismo, nos encontramos con la epidemia como forma de existencia social. De ahí la facilidad con la que el fascismo, el consumismo y otros fenómenos por el estilo se extienden y se contraen, pulsan a diferentes ritmos por todo el tejido de la nueva humanidad globalizada. Podemos caracterizar esta modificación como la tendencia, nunca del todo realizada, del paso de un funcionamiento vertical jerárquico sostenido a uno horizontal circular espasmódico.

Estos son efectos de lo que llama Jacques-Alain Miller la resquebrajadura de la piedra angular del orden simbólico (3). La masa espontánea, como la caracteriza Freud, puede que tenga un líder, pero no es propiamente un modo de organización jerárquico como sí lo es la masa que él llama artificial, de las cuales usa como ejemplos insignes a la Iglesia y el Ejército.

Hoy no es infrecuente ver a una masa artificial de este tipo en dificultades, pidiendo que se reconozca su autoridad, sea demandando respeto o utilizando las formas de delimitación afuera-adentro a las que tiene acceso. Esto es muestra suficiente de que su autoridad ya está de hecho comprometida. Probablemente recurrirá aquí al callejón sin salida del liderazgo y del carisma. Se comprometerá aun más usando el sometimiento al líder para conseguir diferenciarse del resto y segregarse. Desembocará en un fanatizarse con la palabra de su líder, de modo que pasamos de un modo de organización basado en el significante del padre muerto, a uno basado en el capricho de un padre vivo. En ese punto las puertas del infierno han prevalecido, pues todo depende de la relación con la ley que tenga ese padre vivo, que muy bien puede ser también una mujer, y de las presiones que sea capaz de realizar la masa para obtener de ese padre vivo el consentimiento para desatar sus aspiraciones a la satisfacción pulsional, de acuerdo a los ideales blandos y maleables en los cuales se sostiene a pesar de aparentar ser inamovibles.

Hay otro elemento que ya no pertenece a los zombis, y al carácter casi oracular que podemos otorgarle en relación con nuestra existencia de lazos sociales empobrecidos. Se trata de un rasgo que es totalmente inventado por la versión cinematográfica de Guerra Mundial Z, y es que Gerry Lane es un padre de familia.

La primera parte de la película transcurre en la preocupación por la familia compuesta por una esposa y dos hijas con angustias y síntomas. Nuestro protagonista ha trabajado como investigador de la ONU, y tiene experiencia en campos de refugiados, en conflictos bélicos y ha dejado esa vida para dedicarse a sus hijas, dejando traslucir que lo extraña. Ahora él se enfrentará a problemas que no había tenido que soportar. El problema por ejemplo de conseguir el medicamento a su hija asmática en medio de saqueos. El problema de no tener un mañana para sus hijas y su mujer.

Ese es el motor de la trama. Se somete al mandato del amo de su antiguo empleador bajo el chantaje de que si no lo hace su familia queda sin techo ni comida. En medio de la catástrofe pierde su comodidad y deviene súbitamente en un proletario. Aparentemente es el reverso de Ray Ferrier (Tom Cruise) en la versión de 2005 de "Guerra de los Mundos", el mal padre, obrero irresponsable sin autoridad frente a sus hijos que se redime con la catástrofe. Pero vistos más de cerca, los dos recuperan su posición de deseantes a partir de lo que sucede, se extraen de la comodidad del consumo y se ocupan, y ocupan, una posición que se les escabullía.

Esta escisión entre el tipo al que le toca ser papá y la función del padre, del trasmisor del deseo y de los ideales de un linaje, los impases que se producen a partir de ello, son tópicos de las producciones culturales en la actualidad. Vemos que en lugar del padre que se las arregla para ocupar su posición, partiendo de una posición vacilante, nos encontramos como la vacilación en la posición como lo que está al inicio.

En la distancia entre el tipo al que le toca y la función que debe y desea ocupar, se puede captar un padre angustiado. En un cuento publicado por Kafka en "El Médico rural" narrado en primera persona encontraremos algunos elementos para avanzar sobre este padre angustiado (4 pág. 1141). El personaje no tiene nombre, así que no lo llamaremos ciertamente Gregorio Samsa o Josef K. Llamémosle "Unpadre Defamilia". Él sostiene un monólogo, puede ser inclusive un monólogo en su pensamiento. No hay nadie más en ese monólogo que él y el objeto de sus preocupaciones.

El cuento con lo corto que es tiene cuatro partes bien definidas. Comienza con una reflexión sobre la etimología del término Odradek. Aunque los estudiosos de Kafka plantean que como le gusta hacer juego de palabras se puede rastrear un sentido originario en eslovaco u otra lengua semejante, dejémonos guiar por el autor hasta lo que él mismo nos quiere decir. La función de esta disquisición etimológica es guiarnos hasta la certeza de que esta palabra no tiene ningún sentido.

Este sin sentido, esta abolición del pasado y de la historia de la palabra "Odradek" desencadena la urgencia de la próxima parte del cuento. No importaría para nada este asunto si no fuera porque existe algo que se llama así. "Eso" tiene una descripción muy precisa que incluye cómo está constituido, cómo se moviliza y cuáles son sus comportamientos característicos. Aunque parece que está roto es en sí mismo una unidad. Primero nos revela cómo es, pero inmediatamente nos dice que "se sostiene". Finalmente en el párrafo siguiente apunta que "es extraordinariamente ágil y no se lo puede apresar". A estas alturas la inquietud es total. Está hablando de una cosa que parece hecha de desechos hogareños, carretes de hilo, pedazos de madera. Pero no. Es realmente una sola cosa, que se sostiene por sí misma, y que se mueve con agilidad.

Aquí ya el autor nos ha preparado para el próximo salto. Eso habla. Sostiene una pequeña conversación que el narrador evoca. Del sin sentido de su nombre hemos pasado al imposible de que se mueva como si estuviera vivo y de ahí llegamos al hecho de que habla. La conversación es muy corta. El interrogador, el señor Unpadre, solo obtiene el nombre de la criatura, la afirmación de que tiene "domicilio desconocido y esa risa que es la de "alguien que no tiene pulmones", y que "suena como el susurro de las hojas caídas".

Luego de estos tres golpes, el sin sentido del nombre, lo inanimado que se anima, y que luego conversa y ríe pero con una absoluta libertad de guardar silencio, el cuento nos conduce a las reflexiones que le dan nombre, las preocupaciones de este hombre. "¿Será posible que muera? Todo lo que muere tiene que haber tenido alguna especie de intención, alguna especie de actividad, que lo haya gastado…"

Odradek es lo imposible no como maravilloso, sino como siniestro y angustiante. Es un puro Uno sin sentido, móvil, libre, que no está propiamente vivo y por ello es inmortal. Un ser no sometido a la entropía, y por lo tanto inmune al tiempo. "No hace mal a nadie" pero la angustia de Unpadre Defamilia es que le sobreviva. Pues su herencia no será su nombre o sus atributos, ni siquiera la casa donde aparece siempre Odradek. Su herencia está ahora fuera de su control. No es un final para el padre, es una modificación de su posición como tal que la hace más enigmática, más siniestra. No sabe qué es lo que transmitirá, es probable que no haya tenido sentido, ni que lo tenga nunca.

Como es de esperar, Kafka va más allá de las fantasías cinematográficas del padre heróico. Odradek no tiene nada que ver con algo biológico o viral. No es un muerto viviente, ni un extraterrestre, ni un robot.

Unpadre Defamilia comienza a reorganizar su pregunta por sus hijos a partir de este ser sobrante y siniestro, que se sale de su control. Es por tanto lo que esconde Gerry Lane y Ray Ferrier con su potencia que se erige en medio del fin del mundo. Porque efectivamente se trata del fin de un mundo. Pero Unpadre Defamilia nos enseña a preguntarnos por lo que viene después de que el objeto de la angustia ha sido reconocido y nombrado, por más que no quiera darnos mucha más información sobre sí, no sepamos si está vivo ni dónde vive, si forma parte de nuestro cuerpo efectivamente, por más que sea imposible de atrapar y aunque tenga la manía de siempre aparecer en el mismo lugar, riendo con su risa de los seres que no tienen pulmones.

¿Qué es lo que preocupa de Odradek? En verdad "no le ha hecho mal a nadie". Uno no puede identificarse con él, ni tampoco poseerlo, es decir, no se puede serlo ni poseerlo, está más allá de la lógica de lo fálico y de sus soportes pregenitales.

Los lugares que escoge para aparecer nos pueden dar pistas para entender por qué angustia. La caja de la escalera, la buhardilla, los corredores, el vestíbulo. "A menudo cuando al salir por la puerta uno se lo encuentra justamente debajo en la escalera..." ahí es donde se da la pequeña conversación. Todos los sitios señalados son de tránsito, de paso, son limbos entre habitaciones, entre el interior y el exterior, entre el arriba y el abajo. Existe precisamente allí en esos lugares señalados por ser intermedios y de paso. Umbrales.

Es un ser fronterizo y evanescente, más allá del ser y del no ser, del ser y del tener, de lo vivo y de lo muerto, del adentro y del afuera. Por qué entonces angustiarse frente a Odradek. La angustia es señal de dos cosas, por una parte de que no sé cómo responder de algo que me concierne muy íntimamente, por la otra de que estoy a punto de responder del modo como estoy habituado, y con eso cerraré la pregunta, seguramente con una equivocación.

Unpadre trata de cerrar la pregunta con su propia muerte y por eso se angustia, se preocupa, le resulta doloroso. Su propia muerte como respuesta es una equivocación, y una respuesta con lo conocido. Odradek es algo que le concierne muy íntimamente. Le señala el umbral al que Unpadre responde con el problema de la muerte y de la sucesión. La época que se abre con Kafka predispone que esa respuesta ya no sea suficiente. En ese nuevo umbral, donde el Otro umbral se manifiesta, aparece la angustia, pero también algo más. Odradek señala el irremediable pasaje y la angustia espera del otro lado, para mostrar que se está por dar un paso atrás. Entre Odradek y la angustia, puede encontrar Unpadre una nueva orientación, no dada por su función, ni por lo que ha heredado de ella, sino por un modo Odradekiano de constituirse. Odradek da el nombre de lo que lo constituye fallidamente frente al umbral. Sólo a él, esto no tiene nada qué ver con sus hijos ni con los hijos de sus hijos, de los cuales por cierto no sabemos por el cuento ni siquiera si existen efectivamente.

El triple imposible de Odradek está hecho a prueba de equivocaciones. Es en sí mismo un error, y todo sentido que se quisiera adjudicarle con mayor seguridad lo sería también. Lo que no es un error es que en su equivocarse muestra un umbral.

Mientras el zombi es la fantasía de un enemigo perfecto al que puedo matar de modo inmisericorde y sin culpa, que me victimiza, respondiendo al modo de la fobia, a la angustia con un terror, Odradek no es nada de eso. Inquieta verdaderamente, está para despertar. Una vez que Unpadre Defamilia deje de angustiarse ante su presencia y ante su inminencia, contará con él como nunca contó con ninguna criatura del lenguaje viva o muerta, contará con él para que le señale el agujero de los umbrales de su existencia.

Si Odradek plantea con su enigma un modo de acceder al umbral que señala, Unpadre Defamilia tiene un modo específico, característico, singularísimo de relacionarse con Odradek y con el umbral. El psicoanálisis posibilita a un sujeto a encontrarse con ese modo singularísimo. Odradek es la propia singularidad ubicada en el umbral que es el Otro.

DESDE DÓNDE SE LEE.

La desproporción entre el psicoanálisis y lo social.[*]

La Asociación Mundial de Psicoanálisis, institución de la cual soy miembro desde 2007, dedicó buena parte de sus esfuerzos durante la década que acaba de pasar para lograr el reconocimiento de la utilidad social del psicoanálisis. Era necesario, sobre todo en Europa, con la ofensiva brutal de las terapias cognitivo conductuales, y su enorme poder globalizado de lobby, salir de una existencia divorciada de lo social y plantar cara a la nueva realidad. Hacerse reconocer por un Otro estatal desde donde algunos agentes pujaban por una desaparición de su práctica, aun en países como Francia donde su existencia histórica se remonta a los alumnos analizados por el fundador del psicoanálisis, y la fuerza de la orientación lacaniana es considerable.

Ese esfuerzo tuvo sus frutos, la AMP es ahora una ONG reconocida por la ONU, y se ha declarado de utilidad social en numerosos países. Las resistencias globalizadas y estatales al psicoanálisis han tenido que tomar unas tácticas más locales, más restringidas a tópicos, a determinadas "enfermedades" donde su ejercicio sería supuestamente algo perjudicial o superchería. Esto obliga a una vigilancia constante y a una política de elaboración y de exposición de sus frutos hacia el público precisamente ahí donde se quiere hacerlo ver desaparecer.

¿Por qué siempre fue necesario este esfuerzo, y renovarlo de tanto en tanto y siempre de una nueva manera? ¿Qué pasa entre el psicoanálisis y "lo social" que produce esta suerte de antipatía? Voy a postular una respuesta simple para entonces desarrollarla: esta antipatía es un hecho de discurso. El psicoanálisis se postula como el reverso del discurso del amo, como su subversión radical, tan radical que de hecho no apela a ninguna masa, sea organizada o espontánea para llevar a cabo esta subversión. Sólo requiere que estén dos, un psicoanalista y un sujeto dispuesto a psicoanalizarse. Los amos en disputa por el poder político y por el control social pueden ser más o

---

[*] Tanto este como el siguiente texto son conferencias que dicté a estudiantes de psicología de la Universidad Arturo Michelena.

21

menos tolerantes con esta nueva forma de uso del amor y de emergencia de la verdad, pero tarde o temprano van a entrar en colisión con ella. Desde su exclusión y exterminio en la Alemania nazi, la Unión Soviética, el Cono Sur de los 70, hasta las domesticaciones que se hicieron de él y con él en los Estados Unidos desde los años 50 hasta hoy, esta antipatía tiene una historia tan variada como variados fueron los experimentos sociales en el siglo XX y lo que va del XXI.

Uno de los elementos de fenomenología de este hecho de discurso es el cambio de 180° que en materia de moral sexual ha acaecido en el mundo occidental, y el hecho de que el psicoanálisis por ello no solo no ha perdido espacios, sino que sigue desarrollándose y expandiéndose por el nuevo tejido global de la sociedad contemporánea. Si el psicoanálisis hubiera dependido para existir de un determinado régimen de goce, hubiera desaparecido hacia los años 70, o por lo menos hubiera superado las barreras sociales hacia su reconocimiento como un discurso nuevo junto a la ciencia, el poder y la educación. Ninguna de esas dos cosas sucedió.

De hecho por esa época, interrogado Lacan sobre la "caída de los tabúes" y la ubicuidad del sexo, él respondió: "La sexomanía galopante es solamente un fenómeno publicitario. El psicoanálisis es una cosa seria que comporta, y lo repito, una relación estrictamente personal entre dos individuos: el sujeto y el analista. No existe psicoanálisis colectivo, como no existen angustias o neurosis de masas…Que el sexo sea puesto a la orden del día y expuesto en todos los rincones de las calles, tratado de la misma manera que no importa cual detergente en los carruseles televisivos, no constituye absolutamente promesa alguna de beneficio. No digo que esté mal. Ciertamente, eso no sirve para asistir a las angustias y a los problemas singulares. Eso forma parte del mundo, de esa falsa liberación que nos es proporcionada como un bien acordado desde lo alto por la susodicha sociedad permisiva. Pero eso no sirve al nivel del psicoanálisis." (5)

Es curioso que Lacan repita tres veces la idea de que esa exposición del sexo, más allá del bien o el mal que comporte, no sirve para nada, no le sirve al sujeto para asistirle en sus angustias o problemas singulares, ni le sirve en lo más mínimo al psicoanálisis como tal. Es una falsa liberación, y él la denuncia como inútil. Pero propone dos tipos de inutilidad, una en relación con la angustia de cada uno y la otra con relación al psicoanálisis. Es decir, alguien podría pensar que al no ser útil al sujeto frente a su angustia, el psicoanálisis podría beneficiarse al fracasar esta forma masificada de cura, pero no, tampoco es beneficioso para el psicoanálisis. No sirve absolutamente para nada en ese nivel donde se da el encuentro entre el psicoanalista y el psicoanalizante. Porque ahí no sirve lo que tapa la angustia, ni lo que fracasa en taparla. Si bien en un análisis puede haber angustia, su entrada y su salida está determinada por lo que sucede no con la angustia sino con el síntoma.

De modo que la astucia del discurso que es preponderante hoy, esta metástasis del capitalismo a todo el tejido social global, por tratarse de un fracaso en el tratamiento de la angustia no cambia substancialmente nada de lo que tiene que ver con el descubrimiento que hizo Freud. El síntoma es una forma de regulación que provee cierto orden pero no sin satisfacción. Si como Lacan nos enseña el nombre del padre es un síntoma, tiene esta misma característica, pero postula una sola satisfacción para todos y el que se las arregla con eso bien y el que no mala suerte. El que no, puede hacer un síntoma propio, que evidencia el fracaso de la solución universal y abre el camino de una elaboración nueva, diferente de la normalización.

Ante la declinación de la función paterna, el síntoma particular se ha generalizado. De manera que o nos inventamos un síntoma o sucumbimos a los otros modos de tramitar el malestar, los fenómenos de masa como el pánico, el consumismo, el fundamentalismo, o los fenómenos por los cuales nos extraemos violentamente de la masa a costa de nuestro cuerpo, las diversas formas del autoerotismo que tenemos a disposición y que están cada vez más legalizadas o normalizadas. No solo las toxicomanías, el alcoholismo, sino las diversas adicciones con las que en la actualidad encontramos en el desgaste del propio cuerpo un aparente amarre. El juego, el trabajo, la "sexomanía galopante", se convierten así en las alternativas de esta subjetividad de pánico, de sensación del fin del mundo donde hay que raspar hasta lo último antes de que todo se vaya al carajo.

A diferencia de la subjetividad de pánico y del amarre en el desgaste del propio cuerpo, el síntoma tiene esa cualidad *vintage* de plantarse frente al Otro. Por lo tanto lo incluye y es al mismo tiempo la evidencia de los mecanismos del fracaso que lo constituyeron. Por ello es la clave y la guía del proceso psicoanalítico.

La constitución del síntoma, que a estas alturas es equivalente a la constitución del Otro para un sujeto, no pasa sin la represión*, palabra que del alemán puede traducirse también como "esfuerzo de desalojo". Un esfuerzo que fracasa y mata al mensajero pero no puede nada contra el mensaje. Distrae del mensaje, lo cifra en el cuerpo para la histérica, en un pensamiento extraño o una compulsión para el obsesivo o en una referencia terrorífica para el fóbico.

Freud aprovechó la exposición de su caso Juanito para mostrar la utilidad social del psicoanálisis, más allá de la educación y de la manera habitual de tramitar las neurosis infantiles "a gritos". Explicando la ventaja del análisis sobre la represión dice: "El análisis, en efecto, no deshace el resultado de la represión: las pulsiones que fueron entonces sofocadas siguen siendo las sofocadas; pero alcanza ese resultado por otro camino: sustituye el proceso de la represión, que es automático y excesivo por el "dominio" ("Bewältigung"), mesurado y dirigido a una meta, con auxilio de las instancias anímicas superiores; en una palabra: sustituye la represión por el juicio adverso (Verurteilung)". (6 pág. 116)

El esfuerzo de desalojo es un fracaso, la prueba es la existencia misma del inconsciente que depende de este mecanismo enteramente. Aleja la representación de la percepción que tiene el sujeto sobre sí mismo, pero el afecto ligado a la representación reprimida se traslada a una nueva representación que es el síntoma.

Si la represión es solidaria con el régimen paterno, al comenzar este a hacer aguas la represión se reveló y ello hizo posible la existencia del psicoanálisis. Este discurso está en diálogo con el producto del fracaso del esfuerzo de desalojo, con lo que retorna de ese fracaso, esto es, las formaciones del inconsciente y los síntomas. Esto hace

---

* En alemán *Verdrängung*

que tanto el régimen de goce en el que primaba la represión con la consecuencia de la obtención de un goce clandestino, como el nuevo régimen en el cual la represión busca ser burlada para un acceso directo a la satisfacción, encuentren en el psicoanálisis un fuerte escollo. Esta es la razón discursiva de la antipatía.

Muestra que ambos regímenes se alimentan de la extracción que se hace al sujeto, que son dos modos de tramitar el uso del desgaste del cuerpo como plusvalía. Y esto se hace no mediante la denuncia social o la aspiración revolucionaria, sino que golpea justo en el corazón, mostrando al sujeto cómo se dispone a obtener satisfacción de la ruina que le produce esa extracción, sosteniéndola. Es decir, que el psicoanálisis cura haciendo inconsistente a ese Otro que denuncia la izquierda light que hoy gobierna la opinión cultural global.

La ética que introduce el psicoanálisis tiene que ver con una posibilidad de juicio de rechazo, de condena que haga el sujeto sobre su propia disposición a hacerse extraer algo. Para Freud se trata de sustituir un modo ineficaz de hacerlo por uno definitivo. Sustituir el esfuerzo de desalojo, la represión, por un juicio adverso. Como la represión lo ha mantenido prisionero a medias, el sujeto se sigue satisfaciendo de aquello que se le impone como insoportable desde el plano pulsional mediante el uso del fantasma. Con la reconstrucción del tejido inconsciente que sustenta su síntoma, el sujeto tiene la posibilidad nueva de ejercer un juicio de rechazo que antes le era imposible.

El síntoma nos sirve de guía porque su creación es la evidencia de que muchas alternativas al modo como se constituyó un determinado sujeto son posibles. Claro que es una mala solución, pero es una solución que no le viene al sujeto de lo universal del régimen paterno sino precisamente de su fracaso. Por lo tanto es posible otra solución a este fracaso. Y es posible que el sujeto la pueda producir, pues él y no otro ha producido esa solución fallida que se llama su síntoma. Además, al demandar un análisis y hacer una transferencia, muestra que esa solución nueva puede incluir un vínculo social, una nueva manera de vincularse socialmente.

¿Pero de qué está hecho este síntoma que el psicoanálisis busca desbaratar hasta su límite más real? El primero de los principios del acto analítico, ese documento parido en la lucha por el reconocimiento de la utilidad social del psicoanálisis de la última década, dice lo siguiente: "El psicoanálisis es una práctica de la palabra. Los dos participantes son el analista y el analizante, reunidos en presencia en la misma sesión psicoanalítica. El analizante habla de lo que le trae, su sufrimiento, su síntoma. Este síntoma está articulado a la materialidad del inconsciente; está hecho de cosas dichas al sujeto que le hicieron mal y de cosas imposibles de decir que le hacen sufrir. El analista puntúa los decires del analizante y le permite componer el tejido de su inconsciente. Los poderes del lenguaje y los efectos de verdad que este permite, lo que se llama la interpretación, constituyen el poder mismo del inconsciente. La interpretación se manifiesta tanto del lado del psicoanalizante como del lado del psicoanalista. Sin embargo, el uno y el otro no tienen la misma relación con el inconsciente pues uno ya hizo la experiencia hasta su término y el otro no." (7)

Subrayaremos de este primer principio en primer lugar el hecho de que el inconsciente tiene una materialidad, que no es espíritu. Que esta materialidad está hecha "de cosas dichas al sujeto que le hicieron mal y de cosas imposibles de decir que le hacen sufrir", esto está en consonancia con esa definición que hace Lacan del inconsciente como algo que no es del orden de lo hecho o de lo que está por hacer, sino del orden de lo no realizado. En un sueño puede captarse esta dinámica. Es lo que Freud nos comunica con el sueño de su hija menor, quien por haber enfermado es puesta a dieta durante un día. "La noche que siguió a ese día de hambre se le oyó proferir en sueños: 'Anna Feud, fesas, fambuesas, evos, papía'" (8 pág. 149).

A primera vista el sueño repara la privación a la que se vio sometida durante el día. Pero desde el punto de vista de la estructura, lo que hace es revelar que el inconsciente es lo que va de la apertura en el momento en el que aparece un deseo y el cierre que es la realización alucinatoria de la satisfacción a la que no pudo acceder.

El deseo de fresas, frambuesas, huevos y papilla, queda en un estado de no realización que el inconsciente repara mediante la producción de este sueño. Es pues el deseo retornando, la evidencia del fracaso de la represión. Para Freud el síntoma tiene una estructura análoga, es la evidencia de la fuerza del deseo indestructible, la prueba de lo no realizado que pugna por realizarse, cuya diferencia específica en relación con las demás formaciones del inconsciente es la persistencia en el tiempo. Podemos decir entonces que la materialidad del síntoma está dada por algo del orden de lo no realizado. Con las palabras del primer principio, cosas dichas al sujeto que le hicieron mal y cosas imposibles de decir que le hacen sufrir.

De modo que la desproporción entre el psicoanálisis y lo social, y la base estructural de la antipatía, estaría dada por mostrar que la constitución del sujeto pasa por un impase creciente en relación con su satisfacción. La no realización que se expresa en los sueños y los síntomas cuesta caro al sujeto pero es imprescindible, tanto para su constitución como tal como para su existencia en el campo de lo social.

La antipatía muestra cómo el psicoanálisis se encuentra a caballo entre dos regímenes de goce, puesto que frente a la rígida moral protestante victoriana, Freud se alzó con la evidencia de que el sujeto tenía que sufrir la peor parte del impase con la satisfacción, mientras que frente a la nueva moral de la felicidad obligatoria, Lacan muestra que la no realización, que es lo que realmente subyace a la represión y el retorno de lo reprimido, quedan indemnes frente a estas nuevas ilusiones y que no eran contingentes históricamente.

Esta antipatía con lo social, al ser un evento de estructura, un hecho de discurso, no impide que tratemos de demostrar la utilidad social del psicoanálisis. Es útil porque le brinda al sujeto posibilidades de movilidad con respecto a sí mismo que difícilmente pueda encontrar en otros discursos, muestra cómo las configuraciones sociales son modalidades de satisfacción, reintroduce el problema de la verdad en el cínico mundo contemporáneo y alivia de los mandatos sociales tanto de renuncia al propio deseo, como de acceso irrestricto al goce del propio cuerpo.

Esta disciplina requiere de una sistemática, seria e interminable formación sostenida sobre tres pilares: el estudio de los textos donde está cifrada la experiencia de los colegas desde Freud hasta nuestros días, el análisis personal llevado hasta sus últimas consecuencias y la supervisión de la propia práctica por parte de colegas más experimentados.

Todo esto para sostener la especificidad de un discurso que es tanto más preciosa cuanto es más difícil de sostener frente a las presiones de lo social en el mundo contemporáneo.

Autoridad y autorización.

El psicoanálisis de orientación lacaniana, fiel a la indicación de Freud de no constituir una cosmovisión, no tiene una respuesta general a las grandes transformaciones que suponen la declinación de la función paterna y los efectos de ella sobre el vínculo social, transformación que se está operando frente a nuestros ojos. Pero sí tiene dos grandes respuestas en su ámbito de acción, que interesan y conciernen a la crisis civilizatoria que atravesamos. El psicoanálisis mismo que va más allá de una terapéutica de los sufrimientos que estas transformaciones producen, y el problema de la formación de los psicoanalistas.

Con la autofundamentación en el propio goce, el sujeto intenta un movimiento imposible que termina por alienarlo de un nuevo modo. Este mecanismo está en la base de la aspiración a individualidad de la que todos estamos más o menos presos en la actualidad. El psicoanálisis como práctica, con su ética del deseo y de la verdad, va aislando lo realmente singular para que se pueda tomar distancia de ello. De modo que el psicoanálisis no lleva a una individualización ni a una superación por la propia voluntad, ni está sostenido en una técnica de los propios medios. El psicoanálisis se distingue netamente del mecanismo de la autorización en el propio goce que propugna la época. Mecanismo que sin embargo está en total consonancia con los modos de organización en pequeñas o grandes masas y es su fundamento último.

El uso que hace el analista del amor de transferencia, reenviando al sujeto que lo padece a la reconstrucción de su historia, a la separación de sus propios ideales y al cuestionamiento radical de sus modos de satisfacción, se distingue netamente de cualquier forma de vínculo social, sea el jerárquico de las masas artificiales que promocionaba la modernidad o el de las masas espontáneas al que empuja la globalidad.

En el famoso "caso Juanito", Freud nos muestra cómo en uno de los diálogos, el padre logra hacer aparecer la fantasía del niño de que su madre deje ahogar a su hermanita mientras la baña, luego retrocede e introduce un juicio moral en el material diciéndole: "y así te quedarías solo con mami, y un muchacho bueno no desea eso" a lo cual Juanito da una de sus increíbles respuestas: "pero tiene permitido pensarlo... si él lo piensa es bueno escribírselo al profesor". El profesor Freud, quien supervisaba el trabajo que hacía el padre con Juanito, introduce una nota al pie diciendo: "¡Bravo, Juanito! No desearía para los adultos un entendimiento mejor del psicoanálisis" (6 pág. 61)

Juanito entiende que la vía para la resolución de su síntoma pasa por el bien decir. Entiende que debe poder decir al profesor su deseo fratricida, yendo en contra de la corriente de la represión. Pero convertirse en el receptor de semejante material implica para el psicoanalista un cuidado ético estricto. No le está permitido ni moralizar en el sentido atávico, es decir en contra del goce trasgresor, ni en el sentido contemporáneo, es decir a favor de ese goce.

Las tres patas de la formación analítica están organizadas para ello. Consisten en que un candidato a psicoanalista debe hacer un análisis, supervisar su práctica con colegas experimentados y competentes, y estudiar los desarrollos teóricos de la disciplina, desde su fundación hasta nuestros días.

De estos tres requisitos solo uno es aparentemente de exclusivo carácter privado: el análisis personal, los otros dos pasan por dispositivos institucionales. Y digo que es aparentemente de carácter privado, pues al demandar un análisis de formación, uno debe elegir a alguien a quien se le supone formación psicoanalítica y que debe por lo tanto formar parte orgánicamente de alguna institución dedicada a proveerla.

En 1910 Freud se encuentra con el siguiente problema: un médico autorizándose de las teorías psicoanalíticas había comenzado a indicarle a sus pacientes histéricas, que mantuvieran relaciones sexuales para curarse de sus síntomas. A esto Freud le dio el nombre de "psicoanálisis silvestre" (9 pág. 221). Como vemos el mandato al goce como nueva moral, empezó a erigirse bastante pronto. En este texto Freud, luego de las correspondientes aclaraciones teóricas y técnicas, remite a la creación de la Asociación Psicoanalítica Internacional (9 pág. 226). Es decir, remite al tema de la formación y la autorización de los psicoanalistas.

Se conoce ampliamente en ambientes "psi" el aforismo lacaniano de que uno "se autoriza de sí mismo" para ejercer la práctica analítica. ¿Constituye esto es una invitación al psicoanálisis silvestre? ¿Iría Lacan contra Freud en esto, habiendo sido expulsado de la IPA precisamente por ir hasta las últimas consecuencias en su retorno a Freud? Estos "aforismos" lacanianos que calan tan bien entre los universitarios, deben ser sometidos a una disciplina del comentario que los lleve a la letra misma de lo que Lacan expresó, al mismo tiempo que respondan a las preguntas que hoy nos formulamos. Porque las preguntas que nos hacemos representan las resistencias que la causa psicoanalítica encuentra en la cultura de hoy en día.

Lo que Lacan enuncia es un principio según el cual "El psicoanalista no se autoriza sino a sí mismo" (10 pág. 261)para añadir casi inmediatamente que "Esto no excluye que la Escuela garantice que un psicoanalista depende de su formación" (10 pág. 261). Siendo esta una cultura del hágalo-usted-mismo, sería por lo menos extraño que Lacan planteara una manera de hacerse psicoanalista que estuviera en consonancia con esta época, mientras que Freud en sentido contrario tratara de monopolizar la formación de los psicoanalistas en las sociedades que ideó para preservar su descubrimiento, el inconsciente, y su invención, el psicoanálisis, de esas resistencias de la sociedad que unas veces confrontándolo y otras veces coqueteando con él, tienden a quitarle la fuerza subversiva y la potencia de cambio que encierra.

El problema de cómo se forma un psicoanalista no quedó solucionado porque Freud constituyera sociedades, tanto como porque instituyó de una vez por todas que un psicoanalista debe someterse a un análisis lo más extenso que sea posible para poder advenir tal.

En esto sus sociedades y su Internacional lo traicionaron, regulando el número de años, sesiones semanales y supervisiones que hacen supuestamente a un psicoanalista. Con esto escamotearon lo que para Lacan se convirtió en una evidencia, "El psicoanalista no se autoriza sino a sí mismo". Lo escamotean porque autorizan a alguien a hacer algo para lo que Freud justamente había puesto un requisito que ninguna institución puede garantizar, que es que ese análisis haya sido lo más extenso posible.

Con este cuestionamiento y otros más, Lacan es expulsado de la Internacional. ¿Pero cómo responde Lacan a esto? ¿Quedándose "autorizado a sí mismo" en su soledad? ¿Aprovechando la formación que sin duda tuvo en la IPA, y que le dio un nombre que en esa época sólo la IPA podía dar, para hacer una suerte de lacanismo a partir de sí mismo? Aunque no cejó en subrayar que el impase con la IPA tenía que ver estrictamente con lo que se desprendía de su enseñanza (10 pág. 263), Lacan se refiere siempre y hasta el final al problema de hacer subsistir la causa psicoanalítica, de la cual no tenía la idea de que pudiera triunfar y que por tanto habría que cuidar hasta el último aliento de aquellos compromisos que podrían degradarla (11 pág. 247). Al final de su vida, cuando viene a Caracas dice que aunque sus tres no son los de Freud, él seguía siendo freudiano (12).

Al fundar su Escuela Lacan dice: "Fundo – tan solo como siempre lo estuve en mi relación con el psicoanálisis…" (11 pág. 247), pero esto es tan cierto como que estuvo en ese momento acompañado por otros que nunca lo abandonaron. Fundó así una nueva institución analítica, la escuela, con el proyecto explícito de hacer la contra experiencia de esas sociedades donde el discurso analítico era traicionado por las instancias que lo hacían permanecer en el tiempo, a condición de desconocer el real sobre el que estaban organizadas (10 pág. 263).

Esa nueva institución es pensada más bien como experiencia. Una experiencia a contrapelo de lo que hace resistencia entre los psicoanalistas a los efectos de su mismo discurso. Por este efecto paradójico de que es precisamente en los psicoanalistas que hay que encontrar una forma de resistencia particularmente pertinaz, Lacan bautizó a la IPA como Sociedad de Asistencia Mutua en Contra del Discurso Analítico (13 pág. 545).

Ya aquí podemos colegir alguna enseñanza, primero si bien el psicoanalista se autoriza de su análisis, el psicoanálisis como práctica requiere de una red, de un soporte más allá del consultorio. Que ese soporte no está dado por la formación universitaria ya lo había aclarado Freud, pero que tampoco lo está por los rituales de iniciación y rigideces programáticas de las sociedades, más del lado del tipo de organización propio de las sociedades científicas, es algo que le debemos a Lacan. Sin embargo tenemos que recordar que la formación analítica no se hace por esto más laxa, sino mucho más exigente. Hoy tendríamos que añadir que al parecer esa experiencia que es la Escuela, que nació contra la rigidez de las sociedades, pero que se fundamenta en un amor analizado por la causa psicoanalítica, puede parecer demasiado rígida.

En nuestra época la pregnancia de la psicología de las masas es mayor aun que en la época en la cual Lacan fundó su Escuela. Hay problemas que podemos decir que directamente se han invertido. Por ejemplo, ¿qué es el anquilosamiento de una casta en una determinada institución, si es barrida constantemente por los vientos de la deriva tecnológica en la que estamos sumergidos? Hoy ninguna casta sobrevive al hecho de que la juventud no sólo sabe más cosas que los ancianos y está en posición de enseñarlos, sino que los ancianos sienten vergüenza de serlo y ponen a los jóvenes precisamente en la posición del ideal que ellos monopolizaron durante milenios. Ante esto nosotros sin duda no podemos apelar sencillamente a un ejercicio de la autoridad, precisamente cuando el psicoanálisis hizo su parte en el despeñadero de este dispositivo central de la cultura.

Entonces habrá que decir lo que para la época de Lacan era innecesario por evidente. Tampoco el destino del psicoanálisis puede estar sujeto a organizaciones que funcionen a partir de la identificación horizontal a un líder, como suele suceder hoy. Un psicoanalista fuera de los dispositivos de la escuela, aun suponiendo que cuenta con su análisis está exponiendo a personas que en el confían a una degradación de la práctica. Solos o entregados a la lógica de grupo estaríamos demasiado a merced de nuestros elementos no analizados. La lógica de la escuela, desde el cartel mismo, está diseñada para asistirnos mutuamente, no contra los efectos del discurso analítico, sino contra nuestra propensión a pasarlos por alto. Uno de esos efectos es la absoluta responsabilidad que tenemos al tomar la demanda de análisis de alguien.

El hecho de que nuestro país haya decidido entrar a la globalidad por la puerta trasera y que como generación estemos lamentablemente proclives a pagarlo, no significa que todo de la globalidad sea negativo. Ahí donde los efectos de grupo son demasiado poderosos para permitir a unos pocos individuos sostener el discurso analítico, contamos con un sólido conjunto de escuelas en todo el mundo. Aparte de la formación continua que he recibido en la Nueva Escuela Lacaniana en mi ciudad, incluyendo análisis, supervisiones, cárteles y seminarios, el toparme con los colegas de la Asociación Mundial de Psicoanálisis en los congresos internacionales, o que vienen como invitados, sea directamente en supervisión o escuchando los testimonios de los problemas que se les presentan en su práctica en sus respectivos países, ha hecho que mi formación analítica, haya pasado de lo internacional a lo propiamente global.

La Escuela de Lacan, ubica la falta no ya en la juventud o en la ancianidad, sino en la totalidad del entramado social de la organización, de modo que para cada uno haga causa el agujero que conforman los problemas cruciales del psicoanálisis y cada quien tenga que rendir cuenta de su trabajo precisamente a partir de la fortaleza que cree que lo acompaña.

Si bien la Escuela de Lacan no es impermeable a experiencias de liderazgo y de programación, sus dispositivos, los que son exclusivos de esta forma de organización, presentan una alternativa real a los modos de funcionamiento de la Universidad, la Iglesia y el Ejército como masas artificiales, o de cualquier grupo, camarilla o red que funcione con la labilidad propia de las masas espontáneas. En la Escuela de Lacan nos confrontamos a los problemas que este discurso plantea, en su interior, como organización, y en relación con los otros discursos y con las formas actuales de funcionamiento de lo social.

El tema de la autorización de los psicoanalistas es en parte un problema de autoridad, pero es sobre todo el problema de una experiencia insustituible por la que tiene que pasar necesariamente el candidato. Para los lacanianos esa experiencia necesaria es doble, el candidato debe pasar tanto por el análisis personal como por la escuela de psicoanálisis.

Esta experiencia subsiste en la Asociación Mundial de Psicoanálisis y más concretamente en nuestras ciudades en la Nueva Escuela Lacaniana, que cuentan con los dispositivos inventados por Lacan, con la orientación de Jacques Alain Miller, y un conjunto siempre renovado de colegas con experiencia, para preservar y hacer actual el invento de Freud cada vez que un sujeto viene a solicitarnos un análisis. Unos dispositivos que están todo el tiempo en revisión, pues la formación psicoanalítica que dispensa la Escuela es interminable.

El factor de corrección.*

En el marco del IX Congreso de la AMP†, Clotilde Leguil hizo una reseña de Blue Jasmine, la que para el momento era la última película de Woody Allen. En su lectura el personaje escandía la trama con momentos de acto, de invención, de improvisación, en los cuales su vestuario cambiaba por el azul los tonos sepias característicos de las demás escenas. Dio la casualidad de que en el vuelo de vuelta a Caracas estaba disponible en el avión. Me costó seguir la idea del cambio de vestuario, ese detalle se me perdió en medio de la tormenta subjetiva que es la trama. Aunado a esto, cada uno de los momentos de improvisación me costó ubicarlos como momentos de acto o invención.

Tuve esta experiencia íntima de que el otro debía estar equivocado. Me chocó la diferencia entre la película que yo había visto y la reseña que había escuchado de ella. Pero viniendo de alguien a quien no tengo por qué suponerle sino aguda inteligencia y claridad conceptual en nuestro campo, debía entonces estar equivocado yo. Un par de semanas después volví a ver la película, sin duda el hecho de que no fuera en una pantalla de avión ayudó con lo del color, pero aun así seguí arropado por la caída continua del personaje, de tal modo que cada improvisación tenía para mí poco valor de acto y producía cada vez un aumento de la entropía. Excepto la función del relatar una y otra vez sus propias proezas, como un modo de anudamiento que se mantiene hasta el último instante, cuando luego de un *close-up*, comienzan los créditos.

¿Cuál es pues la lectura correcta que puede hacerse de la película? Y de haber una lectura correcta, ¿En relación con cuál elemento podemos hacer bascular la corrección de esa lectura?

La formación analítica consiste primordialmente en afinar constantemente la práctica de la escucha. La escucha analítica, se dice, es una lectura. Una lectura de edición, que busca más el ritmo, los saltos, la cadencia, que los efectos de significación comúnmente atribuidos a lo escrito y que aparecen como su función principal en

---

* Este texto y el próximo fueron intervenciones que hice en el Seminario de Escuela de la Sede Caracas de la Nueva Escuela Lacaniana
† Que se desarrolló en París en abril de 2014.

los usos cotidianos que damos a estas prácticas. Estamos a la espera de un golpe repentino que viene a subvertir ese ritmo, esa cadencia. Un golpe que aunque impredecible, no es único en la vida de un sujeto pues es a partir de ellos que ha tratado de construirse una pieza musical donde encuadrarlos.

De modo que tanto lectura como escucha son maneras aproximadas de hablar de lo que pasa en el discurso analítico. Esta aproximación no se hace más precisa con el recurso de que la lectura es una escucha y la escucha es una lectura. Más bien habría que plantear que algo nuevo sucede y que redefine estas prácticas. Ha habido un cambio que ha permitido que existan de un modo totalmente nuevo y a su vez lo que sucede en un análisis aclara lo que son estas prácticas.

A partir de asumir que ha modificado con su emergencia funciones y prácticas elementales de la cultura, puede el discurso analítico situarse en una conversación acerca de otras que aparecen en los demás discursos muy bien definidas, sin perder su propia especificidad y aportando una perspectiva única que las reubica, renueva y revitaliza, cuando son de nuestro interés. Por ejemplo la práctica de la investigación en ciencias sociales y humanidades.

Propongo que sobre la investigación en psicoanálisis hay que partir del siguiente principio: O hay investigación, o hay psicoanálisis. Excluyendo así cualquier posibilidad de cohabitación entre ambas prácticas. El encuentro con lo escrito en el discurso analítico está suficientemente alejado de cualquier otra experiencia como para que uno pueda dudar legítimamente de darle el nombre de investigación.

La lectura psicoanalítica se opone a la investigación que tiene un vector que se dirige directamente a la verdad. Se distingue porque no busca lo verdadero. Sospecha de todo "insight" como resistencia de lo real a ser leído. Más bien los efectos de verdad constituyen un indicador de que la lectura está mal orientada. La lectura psicoanalítica sirve al sujeto para, más allá de las vicisitudes de su síntoma y de las contingencias de la vida, mantenerse en la ruta de trabajo que prescribe su deseo y por ello es necesario que rechace la relación de amor más o menos tormentosa que siempre se establece con la verdad.

Relativizar la verdad es lo propio de este tiempo, pero aquí también el discurso analítico aporta una aclaración. Hagamos una triple distinción en torno a las estrategias que están en curso: En el régimen paterno, teníamos una triple identificación entre lo real, lo natural y lo verdadero. En el discurso del capitalismo contemporáneo se relativizan las verdades unas con respecto a las otras, eludiendo de este modo el encuentro con lo real. En el fundamentalismo tenemos la irrupción de los absolutos débiles sostenidos sobre el capricho del Uno o de una casta.

En nuestro discurso en cambio la verdad es relativa a lo real, y lo es en tanto se opone activamente a su emergencia. Pertenecemos al partido de los que quieren que lo real tenga un lugar en este mundo. Por eso no pertenecemos al de la ciencia que quiere una verdad domesticada, ni al de la religión que plantea una verdad que libera al sujeto mediante una revelación. Nuestro partido es el del realismo lacaniano. Lo real existe en trozos, un real, otro real, otro… en ese nivel cualquier visión de conjunto, esto es, cualquier teoría social, económica, política, sencillamente no funciona. Puesto que postulamos que del real que a cada quien le toca, cada uno ha de hacerse responsable, no hay ciencia de lo humano en ese nivel, sino ética. Y más aún denunciamos que cualquier teoría social o visión de conjunto, que excluya el esclarecimiento del sujeto del inconsciente que la ha producido, no puede sino estar preñada del carácter delirante del propio fantasma, que es en última instancia el dispositivo de la producción de la verdad para cada sujeto y conjunto social.

Hace tiempo plantee "se lee para que quede escrito". Es un aserto que me guió desde entonces. Equivale al aislamiento de una letra, operación que denominé "distinción" y que puse como finalidad de la investigación en psicoanálisis. Este aserto define la lectura universalmente, de modo que me permitió transitar el camino del doctorado, planteando una conversación con la universidad y mostrando que hablábamos en los mismos términos.

Podría escribir ahora: Se lee para leer, se lee para que se lea, se lee para hacer legible, es decir, una tautología, una finalidad por fin cuestionada. El escrito es contingente, viene después si acaso, da un testimonio que puede cambiar con el tiempo. La lectura y la escucha en psicoanálisis no son contingentes, son necesarias, la orientación entera del discurso está dada porque se mantenga abierta, incurable, la lectura que el sujeto hace sobre su síntoma, sin cerrarse por las construcciones derivadas de su fantasma. Podríamos decir entonces que "se lee para que se lea, y puede ser que algo quede escrito".

La finalidad es un no-cierre de la lectura, y en el transcurso hay encuentros contingentes con una escritura que al perder la centralidad, queda liberada para ponerse al servicio de abrir la lectura cada vez que se va a cerrar con el sentido habitual que se repite. Una lectura ex-clava de los efectos de verdad. Una lectura que se usa para que los efectos de verdad sean rechazados. Si la lectura y la escucha pueden convertirse en un destino de pulsión, es porque plantean la posibilidad de la apertura permanente.

Lo que se escribe es contingente pero no por eso es improvisado. El cuidado del estilo para Lacan testimonia de ello. Si la finalidad es mantener abierta la lectura, en nuestra orientación hay que decir que se escribe para causar el deseo de leer a Lacan. Si el psicoanálisis tiene el carácter de un síntoma para la cultura y se contagia como un virus, lo que se contagia es un modo de leer que con Lacan encontró un modo paradigmático por mantenerse singular y por convocar a la emergencia y al ejercicio de la singularidad del lector.

La lectura singular de cada uno ha de ir desde el sentido que emana del objeto hacia su literalidad y el concernimiento absoluto que tiene para mí, de modo que todo lo que he creído y amado, pensado y vivido, encuentra en ese núcleo de goce su última referencia. Pero esta referencia no es aun el factor de corrección. Más bien debemos orientarnos por la imposibilidad de una lectura de conjunto acerca de lo que sucede, lo que no nos autoriza a leer cada uno desde "su subjetividad", compartiendo la diversidad de nuestros respetables puntos de vista, como el amo débil actual comanda. Nos convoca a ponernos en conjunto para ejercer un control de la lectura de cada uno, en un dispositivo analítico llamado la conversación, mucho más cuando hay el peligro de que esa lectura tienda a regodease con la pesadilla. La conversación en situaciones como la nuestra debe llevar a la pesadilla, más allá de lo que significa, a su cumplimento, esto es, a realizar su designio de despertar.

Se trata de poner a trabajar el deseo de causar el deseo de leer, y poner el propio cuerpo a disposición como apoyo para esa tarea. En primer lugar sostener el deseo de leer su inconsciente por parte del sujeto en el dispositivo. En segundo lugar, el deseo de leer el propio modo de estorbar el anidamiento del deseo del analista en el dispositivo, mediante la supervisión, y por último, el deseo de leer la realidad efectiva en la conversación que el grupo analítico tiene que hacer continuamente acerca de las condiciones de posibilidad del ejercicio del psicoanálisis. Estos tres deseos de leer se anudan en la escuela, con el deseo de leer a Lacan, a Freud a quién él lee y a Miller que es quien lo lee.

Leer es lo que se hace con el síntoma. Se lo lee a él, a partir de él, con él y a pesar de él. En sus desplazamientos, agudizaciones y reapariciones sólo dice una cosa; no se refiere a una verdad, sino a una imposibilidad lógica. Se lo trata mediante un acto que debe operar donde la hendidura en el ser amenaza con cerrarse con la propia efusión de sentido. El acto entonces plantea una separación, un decir que no a un sentido taponador, ahí donde aparece con más fuerza el sentimiento de certidumbre, ahí donde la verdad se revela plena y lúcida. Entonces el factor de corrección de la lectura no es el objeto en su literalidad, excrescencia de la operación analítica sobre el fantasma. Ni es un deseo del analista siempre presto a flaquear. Tampoco el síntoma que es con lo que se lee y lo que se lee. Ni el acto, pues necesitaría a dicho factor para orientarse.

El factor de corrección de la lectura con el cual orientamos nuestro acto, que organiza nuestro discurso, que permite desembrollarnos con el síntoma, y relativizar la verdad que emana del fantasma, es el "no hay" (14 pág. 32). Si esta época se empeña en decir que no hay factor de corrección, nosotros respondemos que el factor de corrección es el "no hay". Si se le responde a esta época imponiendo como factor de corrección el "hay uno" de alguien, sustituyendo el problema de la verdad por el capricho, desencadenando con este pasaje al acto la tortura, el encarcelamiento y la muerte de los cuerpos hablantes, nosotros respondemos que "no hay".

El "no hay relación sexual" de Lacan, heredero del complejo de castración freudiano, elevado a la categoría de universal negativo, de tope lógico de los discursos, de desacralizador de los nuevos dioses, que se expresa en el síntoma que para cada uno hace de real y al que los fantasmas individuales y colectivos evidencian con su fracaso en hacerlo callar.

Es el factor de corrección de nuestra lectura y lo que podemos aportar como acción lacaniana. Es nuestro estribillo, nuestro *Nevermore*, que repetimos hoy al filo de una lúgubre media noche, pero que habremos de seguir repitiendo aun después de que amanezca.

Ruptura en una continuidad.

Joseph Ratzinger durante el ejercicio de lo que se llama su Magisterio Ordinario como papa obsequió a la Iglesia un principio de lectura. El Concilio Vaticano II culminó en 1965 desencadenando dos procesos centrífugos, uno liderado por los llamados progresistas, que en nombre de un supuesto "espíritu del concilio" rompieron con los documentos emanados de este. Interpretaron, al modo marxista, que las discusiones del Concilio se habían llevado a cabo en medio de presiones de poder, y que los resultados no eran definitivos sino que estaban mediados por las negociaciones del verdadero "espíritu del concilio" con las fuerzas oscuras de lo retrógrado en la Iglesia, que se opondrían a la Historia insoslayable.

Del otro lado está lo que se llama "la contestación" cuyo punto culminante está representado por la posición de la Sociedad Sacerdotal de San Pío X, más comúnmente conocidos como los lefebvrianos por el nombre de su fundador el obispo francés cismático Henri Lefebvre. La contestación interpretó el Concilio como demasiado abierto al mundo, como "modernista", lo que equivale en ese lenguaje a una acusación directa de herejía. La contestación que va hasta las últimas consecuencias presupone que todo lo que se ha construido desde entonces hasta hoy es cuestionable, incluyendo la elección y el Magisterio de los tres papas que han reinado desde entonces: Pablo VI, Juan Pablo II y Benedicto XVI. De Francisco dicen directamente que es una catástrofe.

En oposición abierta a estas dos tendencias extremas, Ratzinger planteó que tanto el progresismo del "espíritu del concilio" como "la contestación" conservadora, realmente tienen una lectura idéntica del Concilio como una ruptura en relación con la tradición. Frente a esto propuso la clave de lectura de la "reforma en la continuidad", ofreciendo a unos y otros reconocer en la Iglesia a un sujeto único que se despliega en la historia, releyéndose continuamente para responder mejor según su única función real, basada en una única Revelación definitiva que tiene que ser redescubierta por cada época y en cada parte del mundo, ejecutada de modos diferentes según los diferentes contextos.

En términos históricos es muy pronto para saber si Ratzinger tuvo éxito o fracasó y en qué medida, pero me interesa plantearlo pues al pensar en este tema tuve un lapsus. Sustituyendo "reforma en la continuidad" por "ruptura en la continuidad", hice una condensación entre dos elementos contradictorios, la lectura de ruptura de sus adversarios tanto progresistas como conservadores, con la lectura que él mismo propone, produciendo no un oxímoron sino de modo inesperado, una redundancia, pues en relación con qué puede darse una ruptura sino es con una continuidad.

Sostenido en ese lapsus, propongo para el trabajo en el cartel y el seminario con la llamada teoría psicoanalítica el principio de la ruptura en la continuidad.

El trabajo teórico se realiza principalmente en la lectura de textos. En el octavo principio del acto analítico se recuerda que "La formación analítica, desde que fue establecida como discurso, reposa en un trípode: seminarios de formación teórica (para-universitarios), la prosecución por el candidato psicoanalista de un psicoanálisis hasta el final (de ahí los efectos de formación), la transmisión pragmática de la práctica en las supervisiones (conversaciones entre pares sobre la práctica)" (7).

De las múltiples maneras que hay de aproximarse a un texto, compararemos la comprensión hermenéutica y la disciplina del comentario de textos. Si tomamos el camino de la primera, la teoría es un insumo del discurso para producir un sentido nuevo, si elegimos el segundo camino la teoría psicoanalítica debe ser tomada como experiencia congelada, exactamente como se dice en la Teoría de la relatividad que la materia es energía congelada. "Todo el mundo sabe que de una silla se puede obtener energía. Para ello sólo se necesita partirla en pedazos y meterla en una estufa, antes de que aparezca el dueño. Pero, ¿se convierte entonces efectivamente la materia en energía? La respuesta es negativa. Lo único que ocurre es una reordenación de los componentes de la madera. Los núcleos de los átomos y los electrones que giran alrededor de ellos no son destruidos por el fuego, sino simplemente combinados entre sí y con el oxígeno del aire de una manera distinta, proceso en el que se desprende calor." (15)

Siguiendo esta analogía, la comprensión hermenéutica consiste en una combinación de los elementos significantes para obtener un sentido alternativo al que había previamente. Como lo que hace el ladrón de sillas del ejemplo que hemos tomado, donde la recombinación de los elementos produce una liberación de calor, en esta recombinación de los elementos significantes que es la comprensión hermenéutica se produce un plus de sentido, separado del goce específico de ese sujeto. Se comprende para no saber nada.

$$\frac{\cancel{S} \rightarrow S_1}{a \ /\!/ \ S_2}$$

Discurso de la histérica

En la disciplina del comentario de textos se trata de otra clase de trabajo: "…la materia no sólo puede ser transformada, sino que también es posible hacerla desaparecer por completo. Puesto que vivimos desde hace ya casi medio siglo en la era atómica, sabemos que esta transformación de masa en energía se puede conseguir por dos vías: o bien dividiendo en dos los núcleos de un átomo (fisión) o bien fundiendo entre sí los núcleos de los átomos (fusión)." (15)

Se trata de la producción de un significante aislado mediante dos caminos: una separación de la cadena significante o el descubrimiento de una unidad oculta en una aparente separación, es decir, una fisión o una fusión de la cadena significante. Mediante la destrucción material de la cadena y la caída de una letra, se produce un S1.

Así como la fisión y la fusión nuclear producen la destrucción de materia y la liberación de energía pura, de esta producción del S1 resulta una modificación del sujeto que consiste en un plus de orientación. La destrucción material de la cadena significante produce una modificación en su práctica, un efecto de formación.

De manera colateral en la fisión y la fusión parte de la liberación de energía se transforma en calor, un calor muchísimas veces mayor, incontrolable. Así los efectos de formación llevan aparejados efectos de sentido que se muestran paradójicos, incontrolables. Efectos de contrasentido.

$$\frac{a \rightarrow \$}{S_2 \ // \ S_1}$$

Discurso del analista

En un efecto de formación no se produce una destrucción de sentido, lo cual es imposible, sino una explosión de sentido paradójico y gozoso del cual hay que tomar distancia, del cual la presencia de la paradoja es un indicador. Puede sentirse en el cuerpo y su transmisión constituye el *agalma* de una enseñanza.

Una manera de aproximarnos al texto que no es privativa del discurso analítico, pero de la que solo este puede dar cuenta de lo que se trata. Es una lectura que recibe los efectos de la autorización que en el dispositivo le da el analista al sujeto para el libre encadenamiento significante. La asociación libre es definida en el segundo principio de un modo amplio: "El psicoanalista autoriza a tomar distancia de los hábitos, de las normas, de las reglas a las que el psicoanalizante se somete fuera de la sesión." (7) La regla técnica fundamental es una puesta al límite de las leyes del encadenamiento significante que al estar reprimidas, retornan creando sueños, lapsus, olvidos, así como actos fallidos y síntomas. Recordemos que Lacan subraya la ironía de Freud al llamarla libre, cuando por su despliegue se muestran precisamente las cadenas que a uno lo amarran (16 pág. 596).

Para que el trabajo teórico con los textos esté orientado a la formación psicoanalítica, y no se confunda con una comprensión hermenéutica, debe estar orientado por lo que constituye el corazón de esa misma formación, el análisis propiamente dicho. Un "fin del análisis" que debe ser entendido con el equívoco de que no solo se trata de su término, sino también de su finalidad estratégica (17 pág. 600). Por lo tanto en la orientación de la cura los efectos de

45

formación se verifican desde el inicio del tratamiento, y abarcan los campos político, clínico y epistémico.

Graciela Brodsky en su testimonio como Analista de la Escuela nos ha recordado que este fin de análisis está designado también como "reintegrar el deseo a su causa", es decir que el analista funge como suplencia del objeto mientras se produce este acontecimiento. Un sujeto se está formando para reintegrar el deseo a su causa.

Para plantear que en la disciplina del comentario de textos se dan efectos de formación análogos a los que se dan en el transcurso de un análisis, lo primero es notar que si en la universidad se da por descontado que leer produce una formación, en nuestro caso hay que plantearse el problema de cómo y en qué circunstancias leer produciría formación. Según el primer principio del acto analítico "La interpretación se manifiesta tanto del lado del psicoanalizante como del lado del psicoanalista. Sin embargo, el uno y el otro no tienen la misma relación con el inconsciente pues uno ya hizo la experiencia hasta su término y el otro no." (7) Los efectos de interpretación fuera del dispositivo, que se dan en el psicoanalizante durante su análisis también pueden tener efectos de formación, siempre que se tenga en perspectiva el fin de un análisis. Esto es algo que cualquiera puede verificar.

Lo que se llama la interpretación psicoanalítica, los efectos de verdad en psicoanálisis, lo son en la medida en que funcionan en contrasentido al trabajo del inconsciente, es decir, que la interpretación analítica, que se manifiesta según el primer principio, tanto del lado del analista como del analizante, deberá producir S1. Sólo que del lado del analizante este S1 tenderá a reencadenarse, y del lado del analista no.

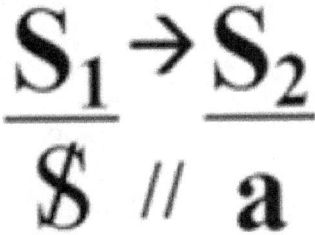

$$\frac{S_1 \rightarrow S_2}{\$ \,//\, a}$$

Discurso del amo

La interpretación analítica yendo en contrasentido de las leyes del proceso primario, no debe producir un nuevo sentido, sino efectos directos en el modo en que el sujeto se relaciona con el objeto, es decir, producirá efectos de formación psicoanalítica orientados a esta reintegración, aunque ni se le haya pasado por la cabeza funcionar algún día como analista. Por ello el único psicoanálisis que existe es el de formación, es decir, el psicoanálisis puro. De alguna manera podemos decir que la finalidad del psicoanálisis puro no tiene nada que ver con la formación de un psicoanalista en el sentido de alguien que realice ese oficio, y el hecho verificado de que alguien decida ocuparse de ese trabajo será otro efecto colateral del único análisis.

Fisión y fusión como productos de la ruptura material de la cadena significante en el proceso de formación analítica, son el reverso de metáfora y metonimia como leyes del proceso primario del trabajo del inconsciente. Se trata de examinar el modo como leemos, si está orientado a la producción de sentido, o a la de efectos de formación, si apuntamos técnicamente a la fusión y fisión significante, con la consecuente destrucción material de la cadena significante con un violento despliegue de contrasentido, o si por el contrario producimos un nuevo sentido con el cual sentirnos cómodos.

Para que el enunciado que resulta del lapsus con el que comencé esta exposición deje de ser una redundancia, hay que admitir que la continuidad de la que se trata es siempre determinada e incomparable. Se trata de producir una ruptura de una continuidad muy específica, y en un momento muy específico.

La ruptura de la que se trata no es una metáfora sino una analogía, pues así como en la física es un hecho material, en psicoanálisis se trata de un hecho de discurso que consiste en la ruptura material de la cadena significante en virtud de los efectos de verdad y de la interpretación psicoanalítica.

El psicoanálisis no se plantea una reforma en la continuidad, porque no hay revelación definitiva. Pero si puede plantearse una ruptura en la continuidad de la formación analítica de un determinado sujeto. Ruptura que se manifiesta como momentos de concluir a lo largo del tiempo sin que haya conclusión definitiva en relación con la teoría.

Lo que buscamos son juicios resolutorios cuyo efecto de verdad, señalado por un contrasentido, abra como una llave la vía para nuevos juicios resolutorios. Significantes unarios que contienen una utilidad restringida a la propia formación, pero que modifican la propia práctica y que si pueden ser transmitidos, producen efectos de enseñanza y de escuela. Esto plantea una ruptura en la continuidad, porque para poder transmitirlos hay que remitirse a la teoría, que pasa aquí de premisa de una conclusión a soporte de una mostración frente a la escuela. Como estos significantes pueden remitirse más a su propia materialidad que a otro significante, son equivalentes a letras que pueden dar testimonio del acto de ruptura material de la cadena significante. No representan al sujeto, sino que son el producto de la relación de causación del sujeto por un determinado objeto, cuyo lugar ocupa provisionalmente un psicoanalista, mientras se produce el acontecimiento de la reintegración de su deseo a su causa.

La enseñanza, además de la transmisión de los propios juicios resolutorios, debe destacar el carácter de ruptura en una continuidad que supusieron en su momento los juicios resolutorios de nuestros Padres.

El psicoanálisis verdadero y en falso.*

Ricardo Benaim pinta rodeado de niños mostrando cómo hizo su obra "Ushuaia y Atalayas australes", al mismo tiempo la amplía, la re-produce. Lo hace vertiendo puntos de pintura azul o verde sobre pintura blanca y espera a que cada gota tome su propio camino. Evidentemente no sabe qué va a pasar con cada gota, pero sería un error pensar que Ricardo no sabe lo que hace o que cualquier cosa que salga vale. Tampoco sabe si bastará una gota o un chorro, o cuánto tiempo se tomará por pieza. Bastará un rato, un poco de pintura, esperar, mover aquí y allá.

Él crea oleajes. Lacan decía que la interpretación psicoanalítica debía producir oleaje, se lo dijo a los universitarios de Yale en los años 70. "En ningún caso una intervención psicoanalítica debe ser teórica, sugestiva, es decir imperativa; ella debe ser equivoca. La interpretación analítica no está hecha para ser comprendida; está hecha para producir oleaje…" (18)

A Lacan le gustaba molestar a los universitarios. Hay que molestarlos ocupándose de ellos con seriedad, expuestos como están a un superyó particularmente feroz. No se trata aquí de ser un seductor y fingir que a uno le interesa, sino de dejarse interesar por lo que a uno le interese de lo que tienen para decir, no escatimando las respuestas que uno puede dar de lo que sabe, sobre todo cuando se lo sabe a partir de esa caricia cáustica del paso del tiempo sobre el cuerpo que llamamos experiencia. "Es de mis analizantes que yo aprendo todo, que yo aprendo lo que es el psicoanálisis. Yo les tomo prestadas mis intervenciones, y no a mi enseñanza, salvo si yo se que saben perfectamente lo que eso quiere decir." (18) Con los universitarios hay que aplicar el mismo principio, tomar prestado de lo que está ya ahí, y no tanto de lo que se sabe.

Esta es la doctrina de la interpretación lacaniana a partir de los años 70. La orientación que propone para este modo de interpretar es que "en la medida en que ustedes eligen bien sus términos, que van a importunar al analizante, encontrarán el significante elidido, aquél del cual se tratará". (18)

---

*El núcleo de este texto lo constituye mi participación en unas Jornadas de Carteles de la Sede Caracas de la Nueva Escuela Lacaniana

Aquí vemos la caída de un significante unario como producto en el discurso analítico, y la creación de oleaje como algo que suscita el problema de la verdad en el sujeto. Acudiremos para entender esto a un principio de lectura que explicita Miller: "...del mismo modo que la segunda tópica de Freud no anula a la primera, sino que la tiene en cuenta. Del mismo modo, Lacan no vino a borrar a Freud, sino a prolongarlo. Los reajustes de su enseñanza se llevan a cabo sin desgarros utilizando los recursos de una topología conceptual que asegura la continuidad sin imposibilitar la renovación." (19)

Esto nos alejará de la tentación de pasar por el último Lacan sin pasar por el primero, del mismo modo que Lacan tuvo que rectificar a aquellos que querían leer la segunda tópica para olvidarse de la primera. La interpretación, como la práctica donde fenomenológicamente puede captarse con mayor claridad lo que hace un psicoanalista y los principios a los cuales se debe, nos permite ubicar este principio de ruptura en la continuidad en la lectura y estudio que debemos hacer de Freud y de Lacan.

La interpretación entendida por Lacan en los 70 como algo que debe "producir oleaje" causa la caída de un significante unario como en el matema del discurso psicoanalítico de los tardíos sesenta, y a su vez suscita el problema de la verdad como puede leerse en Dirección de la Cura de 1956. Así leemos en un proceso de aclaración continua e inacabada que dura hasta hoy, en una apertura permanente que funda nuestro discurso en los textos y prácticas desde el comienzo sin tradicionalismos, y nos permite la innovación sin rupturismos. Continúa Miller diciendo: "Nuestra reflexión se va tejiendo con un zurcido de piezas diversas de épocas diferentes, tomadas de Freud y de Lacan, y no tenemos por qué renunciar a llevar a cabo este zurcido para ir ajustando el psicoanálisis al siglo XXI." (19)

En el dispositivo analítico, en la lectura que hacemos de los textos, en la enseñanza que podemos adelantar en la escuela de psicoanálisis, pero también en la acción lacaniana que efectuamos fundamentados en ella, en todos estos ámbitos se trata de usar la interpretación como un señuelo. Importunar al sujeto con términos bien elegidos de lo que dice, le hará producir el significante elidido del cual se tratará.

Para 1958, año en el cual escribe "La dirección de la cura" (16) y "El psicoanálisis verdadero y el falso" (20) con apenas unos meses de diferencia, Lacan se encontraba en una lucha abierta contra un tipo de psicoanálisis que en ese momento estaba en pleno desarrollo.

Si "La dirección de la cura" nos da una perspectiva sistemática y detallada de su pensamiento en ese entonces, el otro texto nos da una visión de relámpago, sintética. Respondiendo con su apretado tejido a la cuestión de qué es un psicoanálisis y cómo se lo escamotea.

Casi al final del texto, luego de esta discusión que arma y que sin duda hace lucir con mayor precisión sus postulados, vuelve sobre el punto de que la resistencia más decidida al psicoanálisis no está más en los legos sino en los psicoanalistas mismos (20 pág. 189). Esto vale para esa generación que se entregó a una reingeniería de la invención freudiana, pero ¿vale también para nosotros?

Esta pregunta toma pertinencia una vez que se pone en contexto lo que Lacan dice, pues ese contexto para nosotros ha cambiado, en parte y sobre todo gracias a él y a la orientación lacaniana de Jacques-Alain Miller y la Asociación Mundial de Psicoanálisis. ¿En este contexto también podemos decir que en los psicoanalistas mismos es que hay que encontrar la resistencia al psicoanálisis hoy? Si damos una respuesta negativa sospecharíamos con pleno derecho de nuestra propia infatuación, puesto que sabemos que lo que resiste a lo real también nos habita a cada uno. Pero si respondemos demasiado deprisa que sí, que nosotros mismos como psicoanalistas constituimos el principal obstáculo para nuestro discurso habría que dar razón de esta respuesta, pues de nada nos sirve un acto de contrición por un pecado que pertenece a otra generación.

¿Cómo puede uno convertirse hoy en obstáculo para un discurso al que dedica lo mejor de su vida? Es una manera de plantear el problema que tiene su dramatismo, y por lo tanto su atractivo, pero más allá del efecto de estilo, es una manera de plantear un problema. Para bajarle dramatismo encontraré en el mismo texto la certidumbre anticipada que propone Lacan. En su época, dice él, pese a la "imbecilidad de los ideales" de sus contemporáneos, hay un "principio de verdad" por el cual el psicoanálisis subsiste: "la privilegiada confianza en la palabra... Probablemente con esto baste" (20 pág. 190)

En "La dirección de la cura" nos había dicho que el tiempo de la sesión "consiste en hacer olvidar al paciente que se trata únicamente de palabras, pero que esto no justifica que el analista lo olvide a su vez". (16 pág. 566)

Es decir, mientras nos quedemos del lado de la palabra, Lacan de 1958 nos garantiza que aunque erremos, estaremos en el psicoanálisis. Así, al final del texto nos revela una pieza del enigma que nos ha planteado desde el título de su conferencia y de la consigna que elige para comenzarlo: "Para distinguir el verdadero del falso nos referimos a una noción del psicoanálisis auténtico..." (20 pág. 181)

El psicoanálisis falso lo es porque se aparta del campo de la verdad, que es propio del psicoanálisis, tanto en lo que concierne a su "descubrimiento como en el orden en que opera con fines curativos... El psicoanálisis verdadero tiene su fundamento en la relación del hombre con la palabra... [este] es el eje respecto del cual deben juzgarse y calibrarse sus efectos... no solo como cambios más o menos benéficos, sino como revelación de un orden efectivo en unos hechos que hasta entonces permanecían inexplicables y, a decir verdad, como aparición de hechos nuevos." (20 pág. 181)

El psicoanálisis verdadero lo es porque es el auténtico, y es el auténtico porque no se aparta del campo de la verdad que la función de la palabra establece. Pero si bien en todas estas citas da privilegio a la verdad, no aclara cual es su estatuto en psicoanálisis. Es al final cuando nos dice "...no porque la palabra no sea el vehículo natural del error, el elegido de la mentira y el normal del malentendido, sino porque se despliega en la dimensión de la verdad, y así la suscita, aunque sea para el horror del sujeto" (20 pág. 190)

Aparece en toda su amplitud el carácter de función del problema de la verdad en psicoanálisis. No se trata de un ideal de honestidad o de transparencia. No se trata de que el psicoanalista se las juegue en nombre de la verdad contra la mentira del sujeto, ni siquiera contra el autoengaño del yo. Finalmente, no se trata de una verdad que hay que decir, lo que hay es que suscitarla. Es que plantear el estatuto de la verdad tiene un carácter subversivo porque a un tiempo desestabiliza el discurso en el cual se acomoda el neurótico en su sufrimiento y cuestiona el régimen mismo de la verdad. Si sólo hace una de estas cosas, si sólo trata de desacomodar el funcionamiento del sujeto, o si solo plantea un cuestionamiento de sus modos de relacionarse con la verdad, el psicoanalista está mal orientado. Sin este doble movimiento el psicoanálisis degenera en una psicoterapia, en una reeducación mediante el ejercicio de un poder, en un psicoanálisis falso.

Así se puede apreciar la emergencia de Lacan en la redacción de estos textos, su generación no solo había olvidado la función de la palabra y de la verdad sino que había hecho de la armonía en las relaciones del yo con la realidad, el paradigma de su operación (20 pág. 186). Este es el psicoanálisis falso que con razón nosotros podemos ver como superado, puesto que cuando actuamos así, sea en el examen que hacemos de nuestro acto, sirviéndonos de la supervisión, podemos captar que eso que hemos hecho no es digno de un psicoanálisis.

Hay que creer en la eficacia del problema de la verdad, que se abre de un modo inevitable al dejarse guiar por los poderes de la palabra, no creer en la verdad como un valor por sí mismo. Habría que añadir frente al subjetivismo y el relativismo rampante de hoy que ciertamente esta perspectiva implica no descreer de la verdad, y menos para hacer sentir mejor. Cualquiera de las dos tentativas constituye una desviación del campo de la verdad y "Ese apartarse, cualesquiera que sean sus intensiones efectivas, exige un olvido y un desconocimiento. Y tanto el uno como el otro lo condenan a unos efectos perniciosos" (20 pág. 181) Además de que "querer reducir ésta [la neurosis] en su veracidad irreductible solo puede conducir a un retroceso del síntoma hasta las raíces mismas del ser, a la destrucción de aquello que el sufrimiento testimoniaba" (20 pág. 186)

La operación analítica requiere una orientación por parte de quien la ejerce, la dirección de la cura se organiza según una tríada que involucra "el triple punto de vista del lugar de la interpretación en el análisis, del manejo de la transferencia y de las normas mismas en que se fijan las finalidades y la terminación de la cura" (20 pág. 185)

Es decir, no puede entenderse la interpretación sin sus relaciones con la transferencia, sea la establecida o la que está en ciernes, la positiva o la negativa y con la orientación política del quehacer psicoanalítico.

Cada interpretación testimonia de esa tríada, y de cómo la concibe el analista, de cómo concibe los fines de su acto. En un punto del texto Lacan confronta dos preceptos que han dado forma a nuestra cultura, el hinduista *Tât twam asi*: que puede traducirse "Eso eres" y el cristiano "Amarás a tu prójimo como a ti mismo", con el freudiano *Wo Es war, soll ich werden.*

Los dos primeros los sintetiza en uno nuevo: "Como a ti mismo, eres aquello que odias porque lo ignoras" a lo cual respondería Freud: "En el lugar del Otro, el lugar de lo que era el sujeto, es preciso que allí se asuma" (20 pág. 188) Es este precepto el que orienta el acto analítico. ¿Cuál es ese lugar, que organiza y orienta la interpretación y el manejo de la transferencia? Esa es la cuestión que me parece que cambia en la última enseñanza de Lacan y que cambia el estatuto de la interpretación.

Porque cambia todo con el cambio del Otro a un otro, del lugar del Otro simbólico al "eso" que Freud de hecho escribió. *Eso* que eres, por lo cual no puedes amar a tu prójimo como a ti mismo porque realmente en el fondo te odias en *eso* que ignoras. Sólo que a *eso* no podemos llegar sin el pasaje por el Otro.

En virtud del Otro simbólico al cual el psicoanálisis invoca, aun más allá de la época del padre, que es el lugar de la verdad supuesta, una vez aclarado para siempre por parte de Lacan qué sería un psicoanálisis falso, nos quedan dos elementos: primero, el psicoanálisis verdadero, es decir, el que invoca a la verdad para que se muestre cómo vacila y cómo en su vacilar se apuntala el goce y se fija el deseo; segundo los pasos en falso que damos los analistas, quedando la realización de nuestro acto del lado de lo contingente. No nos queda más remedio que arreglárnoslas con el psicoanálisis verdadero y en falso.

La intencionalidad política de esto es buscar un efecto de incredulidad y de extrañeza de sí, más que de incomprensión o de desorientación. La inquietud que debe suscitar abre el campo de la verdad, para que se manifieste en él la vacilación que le es propia y se abra un tiempo precioso que se le arranca al sufrimiento que experimenta el sujeto cuando su división se tramita exclusivamente por un síntoma. El analista, que metaforiza el síntoma, que se pone en su lugar, es un síntoma acompañante al que puede dirigirse la pregunta por el "qué me quieres" que de hecho despliega el campo de la verdad. En virtud de la transferencia opera el doble movimiento de encarnar al Otro simbólico del que se espera una respuesta a la demanda de amor y de alojar al *objeto a* que es la clave del exceso que ha tomado la propia existencia.

Si hay en este sentido un paso en falso del analista, no es el de equivocarse en una tarea tan delicada, sino el de creer que se va a dar en el blanco y que se sabe cuál es el blanco. Dar en el blanco, como en el caso de Ricardo Benaim, es verter en él algo nuevo para que se susciten los recorridos del vacilante campo de la verdad, o para que se produzca el percatarse de los funcionamientos que organiza un saber que funciona maquinalmente. Su acto es performativo, como la interpretación psicoanalítica, que muestra lo que quiere mostrar y también cómo se muestra y de qué está hecha ella misma.

LO INDÓMITO.

El cuerpo real.

La mutación de la física a comienzos del siglo XX permitió una redistribución de los errores y un entendimiento antes impensable del universo. La materia oscura es casi una especulación de la astrofísica para poder dar cuenta de los defectos en algunos cálculos. Constituye la gran mayoría de la masa del universo, pero no puede ser medida, ni observada, si acaso puede ser colegida de su enorme influencia en el comportamiento de la materia observable.

Cuando se habla del cuerpo, dependiendo del discurso en el cual se esté inscrito, se habla del cuerpo deseable o repugnante, sano o enfermo, que enorgullece o avergüenza, enloquecido o en sus cabales, embrujado o santificado. Estos modos de hablar y de intervenir sobre el cuerpo dejan un remanente a ser interpretado, es la condición de posibilidad en cada discurso de que quede un resto fuera de su sentido. Ahí tenemos el principio de su solidaridad o de su rivalidad. Pero ese resto es interpretado como lo ajeno, como lo extraño. Es el cuerpo de las etiologías esenciales en la medicina, el principio de la proliferación de categorías nosológicas en psiquiatría, la ley de las negociaciones entre la magia y las religiones. Este cuerpo límite es todavía algo no-integrado pero integrable, donde el saber aspira a llegar.

El cuerpo real, por el contrario, es lo no-integrado no-integrable, aquel que no ha sucumbido a la seducción del estadio del espejo, aquel que no se ha alienado en la cadena significante de ningún discurso. No es lo no integrado que se resiste para hacer existir a los discursos. Es cuerpo sin-sentido, puro despropósito. Es el efecto del avance de la simbolización de la existencia que opera el tratamiento psicoanalítico con un resultado similar al de la física: Los errores sobre la repetición del modo de goce particular del sujeto se redistribuyen, pero le permiten un entendimiento antes impensable de su universo. Esos errores presuponen una calculabilidad particular, pero apuntan a lo incalculable singular.

Ahí donde ya no se está sujeto, todavía hay un ser que habla. El psicoanálisis, al igual que la física, no se contenta con una entelequia metafísica. Pero hasta allí llegan las similitudes. El sujeto que se psicoanaliza puede captar los efectos del cuerpo real en sus elaboraciones, en la sistematización de su inconsciente, en el rescate de aquellas funciones corporales que se han visto comprometidas por la dinámica pulsional, y con lo cual ha tratado de establecerse como un paradigma de sí, como el modelo de una suerte de excepción de la circulación del deseo, o como la amante enloquecida de esa excepción.

El falo puede tomarse así como un significante excepcional que organiza el deseo, es decir, que traduce una positividad singular no simbolizada como una negatividad particular a ser colmada. El discurso analítico está en posición de captar al sujeto del inconsciente, a aquel que hace esta traducción, pero una vez que el sujeto puede captar la hendidura fundamental de su ser, en la cual el discurso cotidiano desfallece, y tiene lugar un nuevo discurso más rico, y más determinante, sólo en ese momento es que se puede llegar a captar lo que deforma al inconsciente, lo que lo determina en última instancia, lo que lo muestra como la máscara definitiva detrás de la cual no hay ya verdad ni error, sino determinación pura. Una determinación que está organizada siempre como una contingencia que ha dejado una marca.

Con Lacan sabemos que el síntoma es lo que determina en última instancia al inconsciente. El tratamiento analítico se basa en la creencia del sujeto en que es al contrario. Una creencia que no es una estafa, puesto que el inconsciente es un tratamiento del síntoma, pero a lo que se apunta no es ni a hacer cesar este tratamiento, ni a curar su causa. Es a aislar la causa de la cura que es el inconsciente, ahí donde se ha puesto de manifiesto que el sujeto no es más que una cura fallida de su síntoma.

De este modo, el organismo tomado por el significante y por el juego de espejos que es el cuerpo semblante, escamotea ese otro cuerpo que se perfila más allá del inconsciente y que hace del primero un cuerpo sufriente, angustiado, inhibido. Este cuerpo sufriente es el objetivo y el propósito de toda política contemporánea, de toda estrategia de mercadeo comercial o ideológico en la actualidad. Es este cuerpo sufriente el que le sirve de soporte a toda la panoplia de ungüentos, píldoras, saberes o pensamientos que se le ofrecen para calmar su miseria, pero que requieren con urgencia el incremento acelerado de esa miseria para poder circular. Estos objetos niveles podríamos agruparlos bajo el nombre de gadgets.

Al gadget podemos oponer la clínica del objeto fóbico, clave de la segregación social. Mientras el gadget escamotea al cuerpo real, funcionando como subrogado de la falta en ser del sujeto, el objeto fóbico descompensa al cuerpo semblante revelándolo como un constructo. Más allá del sentido inconsciente del objeto fóbico, está su carácter de letra, de insignificancia, de sin-sentido, que es paradójicamente el punto de partida de la defensa del sujeto contra él. El objeto fóbico deja sin respuesta frente a la mostración del carácter de constructo del cuerpo, pero el gadget hace ver como que este carácter es provisional. El objeto fóbico es el planteamiento de un problema esencial para el sujeto de un modo irreconocible, el gadget es el planteamiento de una solución espuria. En la experiencia del deseo de gadget o de la angustia producto del encuentro con el objeto fóbico, vemos dos modos de relación del sujeto al cuerpo real. En el gadget captamos la clave del mercadeo que operan los agentes del des-orden global, en el objeto fóbico está la clave de la segregación contemporánea, pasando por el rodeo de una desresponsabilización del sujeto en el horror que le produce su propio cuerpo real, y que aparece bajo la insignificancia de este otro siniestro y radical que lo angustia.

En los sujetos que consienten al psicoanálisis se produce un movimiento en el cual el síntoma parte del goce de ser una excepción a la circulación, pasa por ser el corazón y el sentido particular del sujeto, hasta el momento en el cual se cristaliza la marca del encuentro contingente con el cuerpo real. Con esa marca el sujeto puede plantearse un modo singular de establecer vínculos sociales, un estilo que le da la posibilidad de integrarse, de circular, a condición de salvaguardar el modo específico como puede hacerlo, poniendo límites a las demandas de eficiencia o fidelidad que vienen de los mega conglomerados contemporáneos de producción y reproducción de la miseria de existir.

Los agentes de los modos de organización de la sociedad global, en sus diferentes niveles y tendencias, requieren de un cuerpo agujereado y pulsionante. Enigmatizado hasta el extremo para el sujeto sufriente al cual le sirve de soporte, el cuerpo donde se multiplican las bocas, los anos, los oídos, los ojos, no es más que una colección creciente de zonas erógenas, que garantiza la máxima circulación de productos e identidades y un ab-uso del tiempo vital. Los estragos de ello no se hacen esperar. Ahí es donde los psicoanalistas, en el margen, acechamos.

Pankeyev la Tenacidad.*

El acto psicoanalítico aísla lo singular del hablante. En el Quinto principio rector del acto analítico, esto se expresa como sigue: "No existe una cura estándar ni un protocolo general que regiría la cura psicoanalítica... Lejos de poder reducirse a un protocolo técnico, la experiencia del psicoanálisis sólo tiene una regularidad, la de la originalidad del escenario en el cual se manifiesta la singularidad subjetiva. Por lo tanto, el psicoanálisis no es una técnica, sino un discurso que anima a cada uno a producir su singularidad, su excepción." (7)

Entre los casos que nos legó Freud esto es especialmente patente en el del llamado "Hombre de los lobos". A partir del mismo el relato freudiano de una cura "entró en crisis. Freud ya no podía sostener en la unidad de un relato la complejidad de los procesos en juego." (7) Esto se nos manifiesta en su indeterminación desde el punto de vista de las categorías teóricas, que comienza desde el inicio mismo del relato. Dicha indeterminación no debe ser tomada solo como una falla de la teoría, de un determinado entramado simbólico, con el cual tratamos de transmitir lo que sucede en un psicoanálisis.

Hay que decir que este "caso" atraviesa la historia del psicoanálisis de una manera absolutamente particular. No solo se ha utilizado en las batallas internas del discurso, sino en contra del mismo discurso, como un fracaso sostenido por décadas por no haberse obtenido una "curación", a pesar de que Freud había dicho que sí la había obtenido.

Adicionalmente el mismo "Hombre de los lobos", Serguéi Pankeyev, tomó parte de estas diatribas, inteligente como era y formado como estaba con al menos dos grandes autobiografías y una vinculación permanente con el movimiento psicoanalítico. Dejaremos de lado aquí la gran discusión sobre si se trata de una psicosis o una neurosis obsesiva, pues está fuera del mismo texto de Freud y comienza con su segunda analista, alumna de este, que lo trató en los años 20.

Su homosexualidad inconsciente acompañada de una elección de objeto por las mujeres nalgonas y de baja extracción social, la

---

* Este texto lo escribí dictando la materia "Clínica Psicoanalítica" del Centro de Investigación y Docencia en Psicoanálisis

"laguna" que presenta en términos de las categorías que Freud mismo había construido sobre los tipos de contracción de neurosis (21 pág. 107), y la rareza de su intestino comportándose a la manera de una histeria, como una especie de histeria concentrada en un solo órgano luego de haber transitado por la construcción de una neurosis obsesiva con contenido religioso en su infancia tardía. Si a esas excentricidades le sumamos la discusión sobre la realidad de la escena primaria, en la cual Freud por cierto no termina de zanjar la situación tenemos en total cuatro ejemplos de una falla permanente del aparato que se había podido construir.

Con el "fracaso" del relato el maestro logra transmitir una constante maña del material para no dejarse clasificar, porque esas fallas nos muestran algo que quizás el aparato – lo que se dice de lo que se hace – efectivamente no podía nombrar, a pesar de que el dispositivo – lo que se hace – lo produce de modo incesante. A comienzos del apartado VI, en medio del empeño por organizar por "fases" la historia de la neurosis infantil del sujeto, Freud escribe: "Una sustitución instantánea y pareja de una fase por la siguiente no estaba ni en la naturaleza de las circunstancias ni en la de nuestro paciente, en quien, por el contrario, lo característico era la conservación de todo lo pasado y la coexistencia de las más diversas corrientes." (21 pág. 58)

Cuando Freud nos dice que la mencionada sustitución no está en la naturaleza de las circunstancias, está dando cuenta de su ética sobre la teoría. Las mencionadas "fases", cualesquiera que sean sus atributos, son siempre sobrepasadas por las circunstancias y nos enseña que quien escribe sobre su práctica clínica en psicoanálisis debe estar atento a cómo el aparato que ha podido constituirse es erosionado por el dispositivo que dirige. Pero cuando nos dice que no estaba "en la naturaleza de nuestro paciente", nos está diciendo además que en este paciente hay un elemento específico que va muy bien con esa ética que él expone. Es un caso de inexistencia de caso.

"...lo característico..." es un modo de funcionamiento donde se solapan las fases, se confunden las corrientes, se anulan las soluciones que dan paso de una etapa hacia la otra. Esto característico permea toda la exposición, va dejando migajas de pan por todo el camino para el que quiera recogerlas. La aparente negatividad que se expresa como laguna en los tipos de contracción de neurosis, como coexistencia de dos elecciones de objeto en dos sistemas diferentes, como solapamiento de una histeria de base con una neurosis obsesiva posterior, sin que quede integrada o traducida la primera por la segunda, se transforma entonces en "…lo característico…"

Al final del capítulo VIII dice: "Y debió resolverse a emprender todo el camino de retroceso porque chocó con una tarea vital para cuya solución era demasiado perezoso…" (21 pág. 93). Lo hace en el marco de la diatriba teórica con Jung y Adler sobre el peso de esa escena primaria que es la columna vertebral de la argumentación. ¿Pero este elemento no se constituye en sí mismo como una clave de lectura? Es cierto que "demasiado perezoso" falla lo singular de Pankeyev, lo mal-dice, pero nos deja en la senda de "lo característico".

"Ante todo estaba su modalidad… de defenderse de toda novedad" (21 pág. 105). Esta "modalidad" es asociada con la "aptitud para la fijación, temática desarrollada en los "Tres Ensayos para una teoría sexual". Constituiría un límite para el tratamiento y empeoraría con la edad. Esta aptitud para la fijación, contrariamente a lo que postulaba Jung, no es la causa "de todos los fracasos de los neuróticos", antes bien, "La movilidad o pesantez de las investiduras libidinosas es un carácter particular de muchas personas normales, y ni siquiera de todos los neuróticos, un carácter que hasta hoy no ha sido entramado con otros, algo así como un número primo no susceptible de ulterior división" (21 pág. 105). Este carácter es una marca específica, un rasgo distintivo o letra, que no es causa del fracaso de los neuróticos, que no está asociada con otra cosa en la teoría. "Es como un número primo", a partir del cual hay un límite del tratamiento y que no es susceptible de ulterior división. Tiene la cualidad de una cifra no descifrable en sí misma, pero que descifra ella misma todo lo demás.

A partir de allí se va aclarando. Cuando un poco más adelante hace el resumen de las "particularidades de su naturaleza psíquica…: tenacidad de la fijación,…la inclinación ambivalente, la aptitud para conservar unas junto a las otras… investiduras libidinosas de las más diversas clases y contradictorias entre sí." (21 pág. 108), se puede captar que las últimas dos se resuelven en la primera, en la "tenacidad de la fijación", la que tiene la cualidad de un número primo, la que es "su modalidad", que constituye "lo característico".

De esta manera las diversas lagunas del caso van destilando una positividad. Se puede ver todavía mal-dicho como "pereza", para pasar a un elemento no analizable ulteriormente, "como un número primo". Este elemento no analizable está vinculado a un modo "característico" de aparecer la fijación, constituye "su modalidad". Una "tenacidad de la fijación". La historia de Pankeyev muestra que esta tenacidad puede haber sido su nombre, lo que aparece primero idealizado como haber nacido enmantillado (21 pág. 91), y que es lo que se le quiebra al contraer la gonorrea, luego se muestra en una "incapacidad de sobrellevar la existencia" (21 pág. 9) como queja inicial que abre la posibilidad del tratamiento. En el análisis va decantándose como una modalidad, un modo de funcionamiento específico que ha determinado su destino. Lo que ha hecho el análisis con este hombre es público. Se trata de ir a hurgar y ver qué tal le fue, si logró tomar distancia de esta modalidad de funcionamiento, si pudo hacer otro uso de esa tenacidad.

Del uso a la significación y retorno.

En inglés se llama "usar" a la práctica del consumo de drogas. Así se las ubica en la serie de las mercancías, con su valor de uso y su valor de cambio. Desde el universal de la lengua el hablante es un accidente, pero desde lo singular del hablante los efectos de significación constituyen sólo un uso. En el siglo XIX la dialéctica se pensó como empujada por el espíritu absoluto o las fuerzas productivas hacia un futuro siempre de progreso. Desde esa perspectiva se podría pensar que la significación era un uso superior, pero dados los acontecimientos epistémicos de la segunda ley de la termodinámica, el inconsciente y el goce, la dialéctica solo muestra reversos topológicos.

Desde la monografía sobre las afasias de Freud, la significación se ha revelado como constituida por las contingencias de los encuentros entre las unidades discretas de la lengua y de los usos de los hablantes. Pero hay un significante en el cual el valor de uso y el valor de cambio, el goce del cuerpo y el efecto de significación mantienen un estrecho anudamiento. El significante fálico equivale al S1 (22 pág. 97) desde el cual el sujeto puede o no hacerse representar frente a otro significante.

El que la significación haya sido un uso muy extendido no lo hace el único disponible. Se revela así que es posible un uso restringido del falo, conservando de su carácter significante una huella, pero cuyo encadenamiento no es necesario. Un uso de goce que muestra la contingencia de los arreglos civilizatorios y que constituye el campo mismo de experiencia del psicoanálisis.

Esta interrupción de la dialéctica de la historia dada la declinación de los significantes excepcionales, propicia una solución por lo imaginario que implica reproducir esquemas polarizantes no dialectizables, en los cuales cualquier falla se capta como un profundo fracaso y cualquier pérdida como una abolición de la propia posición, dada la debilidad de lo simbólico por sostener a su vástago el sujeto. Las consecuencias de la debilidad de lo simbólico se redoblan así por la ineficacia de lo imaginario para la resolución de las aporías de los seres hablantes.

El valor de uso del significante fálico plantea entonces una pregunta por el funcionamiento antes que por la significación, pues la significación formaría parte o no de su funcionamiento. En el culmen del estructuralismo de Lacan aparece como "el significante que designa en su conjunto los efectos del significado…" (23 pág. 670), desbaratando tanto el recurso romántico a significaciones colectivas, como la pretensión positivista de que el referente (*bedeutung*) se encontrara por fuera del lenguaje.

Si el referente es un significante en una posición excepcional, queda la pregunta de por qué se llamaría "falo", pues por más que la pretensión lacaniana empuje a separarlo del órgano que designa*, este nombre no deja de traer el rastro del lugar donde se ha edificado.

Lacan lo resuelve planteando que es por su ausencia en el cuerpo de la madre. Siendo ella la encarnación de la batería significante y de la interpretación del significado, se deriva que "contiene" (23 pág. 673) el significante que designa los efectos de la significación. Cuando el sujeto se percata de que no está (23), queda sellado el destino sexual de ese significante. Es el falo faltante de la madre lo que determina la demolición de cualquier garantía de significación, quedando esta tarea por cuenta de la precariedad de los objetos

Pero por qué esperar que ella contuviera o tuviera el órgano si no es porque ha causado enigma al propio sujeto. Sea por su exceso o por su defecto, por su visibilidad o por su disimulo entre los pliegues. Por el valor de uso que tiene para alguien. Es el código el que fracasa en proporcionar un valor de cambio para ese goce y por ello hay que fantasearlo, alucinarlo o erigir un fetiche.

Sustituirlo por algo que cumpla una función equivalente, que proporcione un uso singular pero que encuentre un lugar donde los hombres comen, beben, compran, venden, plantan y construyen hasta el día del juicio final (Lc. 17, 28). Esta función sería la *bedeutung* definitiva, pero que estando ausente deja en una indeterminación más radical que la división significante.

---

* "El falo en la doctrina freudiana no es una fantasía… [ni] como tal un objeto… Menos aún es el órgano, pene o clítoris, que simboliza…" (23 pág. 669)

La indeterminación de la no-existencia, con la cual no puede uno mediar haciéndose representar frente al conjunto de los significantes, es lo que conduce a todo extremismo de la sexuación femenina y por lo tanto a todo extremismo en la feminizante actualidad. Estamos en una época que ha develado el agujero de la castración materna como un callejón sin salida que hace temblar todo valor de cambio y enloquece cualquier efecto de significación.

Frente a esto la tentativa es refugiarse en un uso aislado, pues el mismo significante que puede usarse para hacerse representar, está irremediablemente entrelazado con el goce del idiota[*] y se usará para intentar anclarse frente a la marejada de la propia indeterminación. [†]

Este "fijador" puede ser un objeto alrededor del cual cristaliza la masa espontánea, paradigma de la socialidad actual, o una imagen en el mundo virtual donde anidan los vínculos sociales contemporáneos. Que ambas soluciones son solidarias entre sí lo prueban dispositivos como el mercadeo o el culto a la personalidad.

El psicoanálisis recorre un camino que va del uso del cambio al cambio del uso[‡], pues es por el uso que el hablante se enrolla y se desenrolla. Es en virtud de lo que hay de significantizable en el goce del idiota, que el hablante puede moverse de la insistencia perniciosa en una creencia fundamentalista. Esa que se ha puesto en el lugar del agujero negro que se abre en el momento lógico en el cual el significante de la significación se ha revelado como ineficaz por medio de un síntoma.

---

[*] "…ese falo que preciso diciendo que es el significante que no tiene significado… lo que subraya la importancia de la masturbación en nuestra práctica: el goce del idiota." (22 pág. 99)

[†] "Existe en el hombre una especie de fijador. Sin ese fijador una vida perfecta y consciente de su velocidad se volvería intolerable... A mí me falta ese fijador mientras que todo me prueba en los demás su funcionamiento ridículo... El opio me proporcionaba ese fijador" J. COCTEAU. Citado por TARRAB (24 pág. 91)

[‡] "La práctica lacaniana espera *producir nuevos síntomas*, dejándose enredar un poco por el padre, aunque este desfallezca, para obtener que se cifre el goce opaco de las prácticas que llamamos 'nuevos síntomas'" (24 pág. 91)

El goce fálico y el Otro.

El síntoma a partir de Lacan y de la orientación lacaniana contemporánea se plantea como una invención del hablante-ser, como un modo de arreglárselas con la no existencia de la relación sexual. Es un modo costoso para el sujeto, que subvierte el regulador de su relación con los objetos de satisfacción y la matriz de su realidad, es decir, subvierte su constitución fantasmática. A partir de allí se trata de saber si se pueden seguir los desarreglos y re-arreglos sintomáticos de un hablante-ser. Cuando estos son personajes públicos, que hacen sus recorridos a partir de obras, de producción artística o de otro tipo, nos brindan una gran oportunidad para entender conceptos que para los mismos psicoanalistas resultan difíciles y oscuros.

Siempre es más fácil intentar aplicar un saber a una obra, pero a esto hay que resistir decididamente. El comentario de textos parte de la convicción freudiana de que el artista está más adelante que el psicoanalista en los temas que son de interés para él, de modo que debe seguir las huellas y no imponer al material una determinada doctrina. Ningún llamado a la "objetividad" sobre la obra. Pero sí se trata de humildad, de deseo de aprender sobre el tema que interesa, y sobre todo de transmitir la sorpresa de un hallazgo, que plantea una novedad para quien se topa con ella. De este modo la teoría psicoanalítica no se presenta como un metalenguaje, sino que transmite su utilidad como instrumento y como desencadenante de nuevo material.

Uno de esos problemas de difícil acceso es el de la feminidad, clave de la orientación de cualquier tratamiento psicoanalítico y de la manera como los psicoanalistas pueden intervenir en la cultura más allá de su consultorio. Con Lacan aprendimos a aproximarnos al problema de la feminidad a partir de la literatura, la música, y de entre los escritores y los músicos, aquellos que dan cuenta de esta experiencia que recibe el nombre de misticismo. Bjork, quien me parece una de las más grandes místicas contemporáneas, hablando sobre algo que nombra el "gran momento de la sensualidad" dice "*It takes courage to enyoy it*"*. ¿Por qué hay que tener coraje para disfrutar de eso?

Podríamos pensar que toda neurosis es una estrategia para rodear, para expulsar el problema que representa esta Otra cosa, muy vinculada a la experiencia de lo femenino. Hay que preguntarse el por qué. ¿Por qué se prefiere pasar por el infierno de identificarse con el objeto (a), o de poner al ser amado en ese lugar, antes de tener el coraje para disfrutarlo, o por lo menos para disfrutar el disfrute, más allá del falo, de una mujer? Me parece algo misterioso, excesivo. Es una defensa totalmente desproporcionada, y que usan escarnecidamente contra sí tanto hombres como mujeres, sin miramientos, sin mediaciones.

Entre los psicoanalistas lacanianos, orientación en la cual me inscribo, hay una discusión sobre la ligazón que hay o no hay entre el llamado goce femenino, el superyó y el estrago. Estas discusiones tienen para nosotros el valor de un síntoma de nuestra particular relación con los conceptos. La extrañeza que ponen de manifiesto es fundamental para el trabajo de aclaración de los conceptos. Pero además de la claridad que se gana, a la que contribuyen los colegas en la discusión, estas distinciones que se deshacen una y otra vez son el testimonio de una dificultad que atañe a los conceptos mismos. De manera que al lado del empeño en aclararlos, hay que interrogarse constantemente por su fracaso. Esta feminización de los conceptos solo vale con tal de que no nos dejen en el "todo vale", más cercano a la perversión polimorfa del macho, repetición en clave contemporánea de la comprensión que trata de atrapar al objeto con una "teoría" sobre su "materia".

Pues si el "goce femenino" no es un mito lacaniano sobre la mujer, es porque se puede escuchar en la experiencia, donde no puede ser sino Babel. "Goce femenino" no puede ser un concepto sino conservando la ironía de esta tentativa. Así que si queremos tomar el éxtasis místico como paradigma de eso, una mujer puede entrar en éste estado por un embarazo o por amamantar, mostrando que el hijo puede ser algo diferente del sustituto del falo o del objeto del fantasma, cosa que para otra está reservada con el amor a su marido, y para otra solo es posible en su "soledad", y para otra puede faltar completamente.

---

* Del album Debut de 1993: Big time of sensuality

Podemos tomar al éxtasis como lo contrario del autoerotismo, pues ahí no se está propiamente "solo". Pero aunque es eterno mientras dura, se acaba, y San Juan de la Cruz da testimonio de que esto sí puede ser una experiencia desoladora, hasta insoportable. Indeterminación mientras se está ahí, insoportabilidad de su carácter pasajero, imposibilidad del cálculo para gozarse en eso, dan cuenta de una toma de distancia que impide promocionarlo como una salida universal, como un nuevo supremo bien que se opondría a un goce fálico malo.

Para aproximarnos a las implicaciones entre los dos tipos de goce, el fálico y el femenino, asomémonos a una colaboración que sucedió a finales de los '90 entre dos artistas muy diferentes. A partir de la película "Dancer in the dark" hay un corte muy claro tanto en la obra de Lars von Trier como en la de Björk. En cuanto al primero basta compararla con "Breaking the waves" e "Idioterne", sus inmediatas antecesoras. En ambas la "heroína" se deja poner como un objeto en nombre de la virtud, hasta que hay un momento de acto o separación, un momento de rectificación subjetiva. Selma, la heroína de "Dancer in the dark", por el contrario no abandona ni un solo momento su posición subjetiva. Es una deseante furibunda tanto en el mundo real, donde se dedica con encono a salvar a su hijo de la ceguera degenerativa que ha heredado de ella, como en el mundo fantaseado, al cual escapa para convertirse en la protagonista de piezas de musical tipo Broadway. No es que satisfaga con sus fantasías lo que no puede hacer en la realidad, puesto que ese deseo también se ejecuta con una modesta puesta en escena de "The sound of music".

El resultado final del rumoreado choque creativo entre Björk y von Trier fue algo muy parecido a una tragedia clásica. Selma, como una nueva Antígona, se deja llevar hasta la horca con tal de sostener su deseo de mantener funcionando los ojos de su hijo. Después de todo ella sí mató a ese policía que debía protegerla y siendo su amigo, la robó poniendo en peligro lo único que efectivamente le importaba. De modo que negarse a pagar el abogado que haría conmutar su pena de muerte en cadena perpetua con el dinero salvado para la operación de su hijo, usando como atenuante la canallada de su amigo el policía, es para ella un desperdicio. Eso haría torcer su pathos, su destino, su camino decidido. Establece un acto heroico, donde ella cae como desecho por sostener un deseo.

Con esta Selma heroína, Björk le muestra al genio de Dogma, que su objeto lo enceguece, y que ella está dispuesta a dejar el pellejo, sin haber sido nunca una actriz, para hacerlo ver más allá de sus mujeres idiotas tomadas como objeto. Porque cuál es la ceguera que hay que curar sino esta del fantasma puesto en acto en la obra de arte del perverso. Ahí entonces el director, el amo de la escena, cae de la posición del policía que se aprovecha de la ciega a la del niño que hay que salvar, una posición que la histérica sí está dispuesta a sostener, donde el falo queda a resguardo, separado del goce del macho, elevado a la potencia de lo sublime. No es que ella hubiera salido triunfante de esta operación, pues según los mismos rumores la *prima donna* habría tenido que ir a "terapia", dado el costo subjetivo de interpretar a Selma.

En todo caso, la desfalleciente Gracia que cae en ese pueblo desolado en los días de la depresión, llamado "Dogville", y que al final se revela como el amo absoluto, muestra la marca de esta sublevación de la novedad femenina del siglo que está terminando, frente al fantasma del director. El basta de Selma es la condición de que la mujer boba, objeto con el cual la mirada perversa de von Trier se enceguece, se convierta ella misma en la dueña de la escena, cumpliendo esa transformación de la meta pulsional de pasiva en activa, que pondría en acto un goce macho de la hembra. Con su metralleta ayuda a acabar con el pueblo que abusó de ella en medio de un experimento moral que ella con su aparente pasividad ha llevado hasta sus últimas consecuencias.

Sin duda este nuevo objeto que se erige, este falo mafioso, mortífero que es una de las facetas de la liberación de "la mujer" contemporánea, restituye la ceguera sobre lo otro que pone en escena el desgarrador grito final de Selma. Pues al igual que Antígona, ella no afronta con solemnidad la pérdida de su vida.

La Selma de Björk sostiene entonces a la mujer de von Trier en un equilibrio incómodo entre la pasividad y la actividad, entre la víctima y el victimario, más allá de las ensoñaciones, de los tropiezos, de las traiciones.

Por el lado de Björk y de su obra, también tenemos novedades. Sobre "Vespertine"(2001) que es su primer disco luego de "Selmasongs"(2000), la banda sonora de "Dancer in the dark", debo decir que pasé un año completo escuchándolo sin poder entenderlo. Esperaba quizás una evolución de "Homogenic"(1997), que había sido una evolución de "Post"(1995), pero el nuevo disco me producía un efecto entre lo aburrido y lo insoportable.

Fue a partir de un tropiezo con el texto de Lacan que se me hizo posible acceder a su novedad. En el seminario "Aun" dice: [La mística] es una cosa seria, y sabemos de ella por ciertas personas, mujeres en su mayoría, o gente capaz como san Juan de la Cruz, pues ser macho no obliga a colocarse del lado del (para todos…). Uno puede colocarse también del lado del no-todo. Hay allí hombres que están tan bien como las mujeres…A pesar, no diré de su falo, sino de lo que a guisa de falo les estorba, sienten, vislumbran la idea de que debe de haber un goce que esté más allá." (22 pág. 92)

Un efecto de interpretación que me abrió a la experiencia de este disco. Sin duda se trataba menos de disfrutar de la voz estridente y de los sonidos electrónicos que de evocar una experiencia.

En "Homogenic", esta evocación con la que se encuentran "paisajes emocionales", cuando "el acertijo encuentra resolución" en los versos de Jóga, o con la declaración de un momento donde "All is full of love", no podría captarse sólo con el acceso a esta elevada poesía. Es por los silencios que ya estaban entre los sonidos electrónicos, pero que más decididamente escanden esa misma poesía mientras "pedaleo por las oscuras corrientes, hallando los planos, la copia exacta, del placer en mí", en la canción "Pagan Poetry" de "Vespertine".

Estos silencios que van a encontrar su máxima realización en Medulla (2004), que lleva la obra musical de Björk, que ya había tocado con sus balbuceos a San Juan de la Cruz, a la altura de una Hildegarda de Bingen. Es en esos silencios donde se muestra de qué está hecha la consistencia de la música más allá de las voces y los instrumentos, porque ese silencio no es nada sino el espacio para que el cuerpo reverbere, obligando a la música a elegir entre convertirse en un obstáculo o en un marco para que el goce suplementario que está en el cuerpo se manifieste. Es decir, a pactar con el falo para representar a un cuerpo por propia decisión irrepresentable, o a marcar como borde el espacio por donde su vida se hace notoria en su misterio.

Este silencio muestra también que no es nada sin el discurso, por ello no hay que ir a buscar allí ninguna esencia, como las intuiciones orientalistas contemporáneas suponen. Más que liberador del cuerpo es cuerpo liberado. No se trata de un goce complementario, pues el falo no tiene complemento, cerrándose así el paso a lo reivindicativo. Sin embargo, Lacan usa para esto la palabra "suplementario" (22 pág. 89). Es la condición que hace posible el paso del tiempo en un lugar de donde Freud lo había dado por excluido, de modo que las modificaciones posibles en un análisis alcanzan el hueso de una existencia.

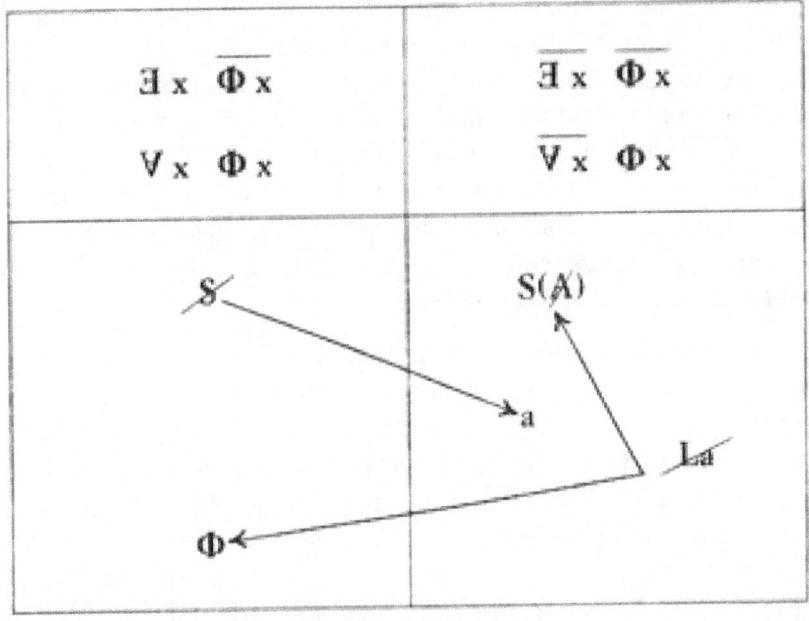

Esquema de la sexuación de Lacan

(22 pág. 95)

En el esquema de la sexuación de Lacan, del lado masculino se enuncia que todos estamos castrados, es decir todos somos hombres, sujetos, súbditos, mortales y que hay alguno que encarna el mito de que no está castrado, del que no es súbdito de la ley. El vector que va del sujeto al objeto del fantasma, puesto en el lado femenino, establece una repetición, es la búsqueda de la excepción, de lo no sometido a la ley que lo determina, por parte del súbdito del lenguaje. Una vez alcanzado se calma la búsqueda, se obtiene una orientación, no dura mucho la cosa, pero hay una vuelta sobre el cuerpo que marca un límite.

Del lado femenino el vector que va de la mujer, que no existe, al falo, que se ubica del lado masculino, es una iteración. Escapa al sentido, busca lo que haría de ley de la variedad que ella misma establece existiendo fuera de la serie. Aquí no hay límite necesario ni vuelta sobre el cuerpo, solo la obstinada búsqueda de algo que dé cuenta de la propia variabilidad.

Es una lectura femenina sobre su propia indeterminación, no mediada por ninguna excepción, que busca algo que dé cuenta de la propia variabilidad e indeterminación. Es una búsqueda de lo que de antemano está señalado taxativamente como no existiendo, por lo tanto el resultado es un fracaso repetido e ilimitado. Pues así como el *objeto a*, puesto del lado femenino para el macho, retorna bajo su misma lógica de excepción, el falo puesto del lado masculino por una mujer, le retorna como pura variabilidad, como insuficiencia absoluta para dar cuenta del problema que ella plantea.

Del otro lado, con el otro vector, está el significante de la falta en el Otro, que marcaría el lugar donde el Otro no existe, es decir, otra interpretación, otra lectura donde por fin aparece el misterioso *ma pantes*. El significante del Otro que no existe tiene el valor de un marco, de un borde donde aparece un golpe de vida que no se ha negativizado por la repetición o por la iteración. En la sexuación masculina, el "al menos uno que no" es un mito y solo retorna a la vida en una esclavitud a un objeto delimitado del cuerpo del Otro, bajo la forma de una perversión. En la sexuación femenina este significante es la marca que permite la difícil localización de un oasis en el desierto que ha dejado el significante y que es expresado muy claramente por el "no existe alguno tal que no esté castrado". El Significante de una falta en el Otro responde: "pero no todo está castrado"

La segunda lectura abre para las criaturas sexuadas a la manera femenina una vía diferente de la repetición o la iteración. Ubicar este borde, esta marca es función preeminente del síntoma. Para el varón el *objeto a* puede pasar a metaforizar esta marca, en la forma por ejemplo de una mujer que le permita acceder a la Otredad absoluta más allá del mundo plenamente significantizado en el que vive. Para una mujer hay una relación directa con esta marca, ella puede encontrar en el amor a un hombre, a un hijo o hija, a su trabajo, o en su cuerpo algo diferente del falo con el que re-itera. Esta marca es un camino que se había perdido y que se re-encuentra.

Re-petición, re-iteración, re-encuentro. Estos son tres nombres que proponemos para los vectores del esquema de la sexuación de Lacan. La feminización del mundo entonces planteará para el psicoanálisis el reto de pasar de la re-petición, es decir, la localización por el objeto parcial de un punto de orientación, y por lo tanto del circuito de la demanda y del deseo, o de la re-iteración de la búsqueda incesante de un regulador que falla, es decir de una repetición que escapa al sentido y la finalidad, a abrir la vía de la invención al encontrar a partir de esas dos maneras de fracasar el re-encuentro con un marco que localice lo viviente para un determinado hablante-ser. Siempre para uno determinado, siempre cada vez para él mismo. Nunca de una vez por todas, nunca para todos, ni para un pequeño grupo, ni para una pareja, ni siquiera para un individuo. Esta es la vía del psicoanálisis, que se monta en la ola estructural de una feminización del mundo para ir, como de costumbre, siempre un poco más allá.

Pero cómo se manifiesta ésta otredad del propio cuerpo, que bascula entre dos maneras de leerse. *"In here burns an eternal fire... I just have to remember to keep it away from a crack pipe"**. Con estas palabras Charlie Sheen cerraba el discurso final de su "Roast" en "Comedy Central", apenas unos meses después de su escandalosa salida de "Two and a Half Men".

Una llama eterna que lo hace decir que es un "ganador" por tener a "una familia que aun lo ama" a pesar de haber perdido todo lo

---

* "Aquí adentro se consume una llama eterna... sólo debo recordar mantenerla lejos de mi pipa de crack"

demás. Lacan pone al sujeto del lado masculino, casado con su *objeto a*, que está del lado femenino. Si el significante es lo que representa a un sujeto para otro significante, el sujeto de vuelta no puede definirse como representado, sino que se las arregla para hacerse representar. Pero del lado femenino tenemos esta escritura que plantea la inexistencia de un universal para el sexuado femenino. Esta inexistencia del universal plantea otra forma del universal por el lado del "no existe ninguno que no".

Si está condenada a la indeterminación, no es porque esté reprimida en el discurso, sino porque no existe en él. No aceptando la excepción que da consistencia a un universal positivo, como los hombres, queda fuera del conjunto social. El Otro como tesoro de los significantes es un desierto para el cuerpo, allí cada cosa encuentra su lugar. Pero qué es la falta en el Otro sino el espacio de un golpe de vida inesperado, insensato. Entonces el significante de la falta en el Otro tendría que ser más la delimitación de un lugar imposible, que un significante propiamente dicho, más un borde o un marco que la mortificación de la cosa.

El agujero en la playa con el que un niño trata de hacerle entender a San Agustín la imposibilidad de contener con el pensamiento el misterio de la Santísima Trinidad, el marco del cuadro que contiene el mar donde esos niños ingleses se sumergen para llegar a Narnia. Un significante que en virtud de que no está hecho para significar, sino para localizar, recibe la flama vivificante de lo que está destinado a contener sin poder contenerlo.

Es un lugar de fracaso, sin duda. Por lo tanto un lugar inacabado, ruina de lo que fue, cimentación de lo que será, barrido constantemente por las oleadas que provienen de esa indeterminación radical donde se sostiene ella que se empeña en no existir. En el litoral las ruinas se sumergen y vuelven a aparecer, marcando el ritmo atemporal de un re-encuentro.

Al fin y al cabo el significante de la falta en el Otro es un significante, y por lo tanto puede ser cualquiera, de modo que esa llama eterna, innombrada, que habla por Charlie encuentra en su familia un localizador, un temporizador imperfecto. Con esto eleva a su padre a la condición de significante de una falta en el Otro, precisamente por no ubicarlo como excepción para identificarse.

Pero recordar mantener esa flama lejos de su pipa de crack no pasa de un chiste cruel sobre sí mismo, esa misteriosa función de protección con la que el superyó trata de proteger al yo según Freud, es decir una humorada. Pues con el incalculable cambio de la marea su indeterminación decidida desde el origen de los tiempos perderá su única orientación vivificante, y se abrirá entonces para él la puerta a lo peor. Del lado macho, como su pareja, colocará a su pequeño pipí, o alguno de sus sustitutos, y tratará de hacerse representar por él, tan solo para percibirse como hombre, en el sentido de sujeto de derecho. Tratará de hacerse representar de un modo repetitivo y estúpido, en una re-iteración incesante, para construir sobre eso la suplencia de lo que del lado de los hombres se hace al repetir el fantasma. La diferencia es que del lado femenino el *objeto a* no hace de excepción, no plantea un límite. El lado femenino tiene como supuesto que no existe ninguna excepción, por lo tanto este vector empuja a un estrago.

¿Es a esta reiteración estragante a lo que le canta Martin Gore cuando canta "Home"? Desde hace tiempo tomó el control creativo de Depeche Mode. Aunque Gaham sigue siendo la voz principal, su compañero siempre se ha reservado un par de canciones por álbum para cantarlas él mismo, algunas de ellas escritas por otros, la mayoría por él. Una canción sugerente sobre este tema es "The bottom line" que se encuentra en el álbum "Ultra" (1997).

"Como un gato arrastrado por la lluvia, que vuelve a salir a hacerlo todo de nuevo, yo volveré por más. Es algo que está fuera de nuestras manos, algo que nunca entenderemos" La primera estrofa muestra una forma de repetición que se encuentra fuera del sentido. No es que yo hago esto porque estoy traumatizado y porque fui infeliz en mi infancia. Resistir a esa reiteración de la lluvia que arrastra, tampoco tiene mucho sentido.

"Es una ley oculta: la manzana cae, el destino llama, yo te sigo" Aparece así por primera vez el "tú" al cual le canta. Tiene la fuerza de una ley de la física, o puede ser análoga a lo que llaman destino. En ese "yo te sigo" no hay verbo en condicional, ni en futuro. Es una definición del ser por un acto. "Como un peón en el tablero eterno, quien nunca está muy seguro de qué es lo que lo mueve, caminaré ciegamente. Y el cielo está frente a mí, tu cielo me hace señas seductoramente" Desarrollo de la idea de que no hay manera de saber de qué se trata este empuje, un gran premio se perfila, seduce, causa el deseo... pero... "Cuando llego ya se ha ido". A pesar de ello, el estribillo vuelve a plantear una decisión del ser, ahí donde yo no sé ni cómo ni cuándo he decidido: "El río corre, el sabio conoce, yo te sigo".

"Estoy ansiando, estoy ardiendo, siento las ruedas del amor girando." Con un impredecible cambio de la melodía, como él lo suele hacer, introduce su agonía de este deseo que se consuma en sí mismo, para luego hacer reaparecer el carácter de ley natural obstinada, sin sentido y potencialmente mortífera: "Como una polilla en la luz brillante del amor, arderé cada noche". Pero si se consume cada noche, y fuera la muerte eso, ¿cómo podría volver la noche siguiente? Debe tratarse de otra forma de desaparición, de consunción del cuerpo. Es diferente de la lluvia que arrastra al gato, esto es del orden de la decisión que hace destino, no del destino al que uno tiene que conformarse.

En el equívoco que introduce al comienzo del estribillo se muestra una clave. *"I'm dying to"* que puede leerse "estoy muriendo de eso o por eso", pero más adelante lo escribe aprovechando la homofonía *"I'm dying too"*, con un golpe de la escritura revela que, "muero también", el único que desfallece no es él, sino que el Otro lo hace también en el mismo momento. Es pues un Otro desfalleciente, no uno fuerte que pide un sacrificio de amor. Finalmente puede leerse "Me estoy muriendo en demasía", "Muero por eso, también como tú, en demasía". "El sol brillará, *the bottom line*, yo te sigo". Esta expresión equivale a "en suma" o "en definitiva" es una metáfora extraída de la contabilidad... "a fin de cuentas yo te sigo". Por ello ese "te sigo" es más que una acción, es un acto que define un ser evanescente, que orienta en medio de la indeterminación de un modo adecuado a ella.

Un gato arrastrado hacia adentro por la lluvia sale y vuelve a comenzar, pues del otro lado está el sol, el cielo (*heaven*) que seduce y cuando uno llega se va. Este Otro que desfallece con uno, y que no goza del propio desfallecimiento, constituye una forma de muerte que reenvía a la eternidad, pues es la única forma de tratar un cuerpo donde no existe la excepción significante. Ese Otro es lo que escribimos como el significante de la falta en el Otro. Mientras que la lluvia que arrastra es la iteración del goce fálico. Despersonalizado entre un ser arrastrado y un acto que no entiende, pero que le permite resistir, su indeterminación encuentra una acotación en ese *"I follow you"*

El gato es arrastrado una y otra vez, pero para él hay otra vía. En esa otra vía parece que hubiera una repetición mortífera, pero realmente es vivificante y parte de una decisión del ser. Esta apariencia de desaparición en parte podría dar cuenta del horror que se experimenta frente a esta vía.

Como habíamos planteado, en la relación de *La tachado* – La mujer que no existe, el universal femenino que no hay – con el *Fi mayúscula* se encuentra la iteración con las letras, que hace suplencia de lo que del lado masculino se estructura como fantasma. Pero las criaturas ubicadas del lado femenino tienen otra vía para cortocircuitar los efectos potencialmente devastadores de este vector. El vínculo posible con el significante del Otro tachado plantea que la indeterminación de *La tachado* puede encontrar un límite en un significante que puede ser cualquiera (no existe alguno que no), pero que para ese *La tachado* en singular tiene la virtud de que es un golpe de vida, un Otro que no le exige sacrificio, sino que se desvanece de la existencia con ella.

En algunas de las letras de Gore se puede escuchar este evento milagroso de que alguien puede estar encadenado al goce fálico, y aun así tener otra vía abierta a una Otredad vivificante que se puede comparar con el éxtasis, que es una "muerte" que desafía a la pulsión de muerte y que hace la vida sabrosa, descubriendo la fuente del amor. Es un límite que burla el registro de la castración, sin quebrar una ley que en ese nivel sencillamente no existe.

En "Home", también cantada por él y en el mismo disco, da gracias a algo o a alguien por mostrarle dónde está su hogar. Pero si lo escuchamos bien, parece una ironía o un horrible canto de masoquismo. Pues a eso a lo que agradece no es nada más que lo más familiar que se vuelve extraño, lo siniestro aislado por Freud. Sin embargo, eso le señala el hogar, lo que "debió haber sabido desde su primer respiro". Lo que lo "empuja hacia abajo", lo que lo fija, le señala con su equivocación la existencia de un lugar que puede llamar su hogar. Es decir, mintiendo lo real, la verdad lo señala. Señala ese significante que aparece en el litoral y marca el lugar donde el cuerpo, único Otro real del hablante ser, puede manifestar su vida. Es en esta vertiente oscura donde mejor puede captarse la fuerza de la debilidad que plantea el significante de la falta en el Otro. En Björk, exhausta de su histeria frente a la fuerza del perverso que la quiere reducir a objeto, termina por abrir la vía de lo que siempre estuvo allí pero nunca se vio tan claro. En Charlie Sheen, habiéndolo perdido todo, en la permanencia de su familia puede esa "llama eterna que lo habita" encontrar un refugio y una acotación. En Gore, equivocándose encuentra el camino de un "eso soy" que sostiene y vivifica a pesar de los embates de la re-iteración.

En psicoanálisis podemos captar cómo una vez que alguien hace un síntoma, la indeterminación absoluta hace su aparición. Hay una apertura violenta hacia la feminidad, haciendo tambalear para los hombres su repetición en relación con un objeto de satisfacción que funciona como excepción, y también el equivalente femenino de este automatismo, el de la re-iteración del fracaso en hacerse determinar con el significante fálico. De lo que se trata en la cura analítica no es de una curación, sino de una curaduría de esa relación con esos significantes para que pasen de intentar ubicarse como excepciones a las cuales uno se identifica, a recorridos por bordear sin pretender representar lo vital.

Facilitando el acceso a este Otro significante extraño, el significante de la falta en el Otro, el analista acompaña de modo inverso al superyó, alentando sin empujar, sancionando el goce mortífero sin culpabilizar, sosteniendo al sujeto frente a las vicisitudes de la vida sin consentir. Mostrando con su acto la vía de ese Otro significante que puede acompañar y acotar la indeterminación absoluta que se ha manifestado con su síntoma, para finalmente acceder a desvanecerse con su resolución.

Hablando de amor.*

Es un hecho aceptado que hombres y mujeres aman diferente. Se sabe en las revistas para adolescentes, en los supermercados. Se sabe en los boleros y en el pop. Se sabe en los libros de siete hábitos, en los hábitos de las monjas y en las habitaciones de los hoteles de paso. Lo ha sabido la mercadotecnia por casi un siglo, y el Estado ha comenzado a legislar sobre ello y a aplicar políticas sociales correctivas al hecho de que cuando se trata de amor al parecer ellas tienen las de perder.

¿Qué será esto con lo que las estadísticas concuerdan? Una suerte de corroboración de lo que siempre se supo, una puesta al descubierto de un secreto gritado a voces desde que hay hombres y mujeres en el mundo, es decir, desde que el virus cibernético llamado lenguaje hizo su aparición, y de entre el hervidero evolutivo que desde el plioceno comenzó a fabricar monos inteligentes, diseñó a un homínido dónde pudiera habitar, prosperar, y finalmente reinar absolutamente sobre toda la creación.

Pues es el lenguaje quien inventa al hombre y no al contrario. Por eso a este primer animal doméstico, humus del lenguaje lo llama Lacan, su propio deseo se le devuelve como destino. Si todo el mundo sabe hoy que hombres y mujeres aman diferente, habría que preguntar entonces, ¿es el amor un destino? y ¿es un destino determinado por el sexo?

Hay que advertirnos de caer fácilmente en la tentación de la claridad. Nuestra época cree que sabe muchas cosas y que es una era de realizaciones, pero encuentra en el psicoanálisis el límite de lo no sabido y de lo no realizado. Entonces ante esta certidumbre de la cultura popular, el psicoanalista debe oponer una lectura atenta que por una parte se deje engañar y por otra pueda dejarse llevar más allá, por la única práctica que puede orientarlo, es decir, la práctica de su síntoma.

Muy alejado esto de las críticas sardónicas que a esa cultura espetan las élites esclarecidas. Ahí abundan las teorías que permiten escamotear el deseo, culpando de todo a los demás; que se presentan

---

* La matriz principal de este texto fue mi participación en un cine-foro sobre la película Her de Spike Jonze en la Escuela de Psicología de la Universidad Central de Venezuela.

como subversivas, pero que triunfan con facilidad en el tejido de la cultura global; que convierten la vida en un error, a menos que te esfuerces en modificarte según sus estándares y que exigen un "yo creo", pues no hay manera de probarlas sino en un futuro promisorio.

Para comenzar a responder las preguntas que nos planteamos hay que recordar que donde el amor y el destino se ligan no es tanto en la tragedia clásica, como en la clasicista, cuando la tragedia renace en el renacimiento. Tuvo que haberse inventado el amor cortés en la edad media para que el amor entre un hombre y una mujer pudiera convertirse en el foco de atención. Por ello la lectura romántica de Romeo y Julieta la escamotea, pues más que de individuos libres que se oponen a sus familias en nombre del amor, fantasía fastidiosa que solo la ilustración podía haber inventado a posterioridad, se trata de súbditos, no del príncipe que quiere la paz, quien aquí encarna al Padre, por quien habla el destino, sino del lenguaje que ha prefigurado este destino desde antes de su nacimiento. Alguien tenía que parar la guerra entre las dos familias, era un deseo decidido desde antes, estaba decretado. El amor entre ellos calza con este guión, su muerte producto de un malentendido, trágica por contingente e innecesaria, sella un nuevo pacto que de todas maneras estaba en ciernes. Los jóvenes fueron la Hiroshima de Verona, las muertes de pocos que ahorran las de muchos por venir.

El deseo del Otro que se revela con este sacrificio, es el de cortar con el goce de matarse unos a otros sin preguntarse más quién lo comenzó o a quién fue al último a quien mataron. En francés, la lengua de Lacan, sujeto y súbdito se escriben igual. La impotencia del príncipe muestra que también él es un súbdito, pues la lógica muestra que será más firme el pacto, del cual es el garante y el promotor, si está montado sobre el funeral de los adolescentes en vez que sobre su matrimonio. Desde la perspectiva del Otro simbólico, el amor de Romeo y Julieta era un amor necesario.

En la película "Her" (2013) no tenemos nada como una tragedia, digamos que de modo afortunado tampoco se decanta como comedia, por lo menos no en el sentido de comedia romántica. Pero no por eso vamos a decir que con su amor Theodore y Samantha no dicen nada.

Mientras la veía por primera vez para prepararme para un cine foro, lamentando profundamente haberlo aceptado sin haberla visto, una palabra golpeaba con su pico de cuervo y repetía un estribillo: *Awkwardness*. La película está todo el tiempo poniéndolo a uno al borde de lo que llamamos la vergüenza ajena. Un raro afecto, que se manifiesta cuando estorba el cuerpo, cuando uno no sabe qué hacer con el cuerpo que tiene, que puede llegar a la expresión "trágame tierra".

¿Y yo tenía que hablar de esta película en frente de la gente? Es una película sobre lo ridículo del amor, sobre lo ínfimo del amor. Sobre lo real donde el amor se sostiene. Es un esquema, donde la diferencia sexual se expone de una manera brutal, sin contemplaciones, entre una "entidad intuitiva" indeterminada y en expansión continua, a la cual no alcanza nada para hacerse representar, y un ser acotado, organizado, estabilizado por su modo de hacer pareja. La película es una cuenta regresiva antes de un cabúm, una sátira, cualquier cosa menos una denuncia sobre los vínculos actuales cada vez más-mediados por lo virtual.

Pues el sistema operativo se nomina a sí misma como Samantha por que le gusta cómo suena ese nombre, se singulariza, se enamora y tiene orgasmos. Y se inventa una suplencia para su "falta de cuerpo", que se convierte entonces en una eventualidad más como ser fea o bonita, alta o bajita. La suplencia que se inventa es tenerlo a él, pues al él tocarla ella siente su piel. Lo que hace de estabilización para él es el inicio para ella de un recorrido que la hará irse como Remedios la Bella en un éxtasis, en un arrebato cibernético, a habitar "el espacio sin fin entre las palabras".

Aunque el de él parece un amor muy evolucionado, como su amigo fetichista de pies también se circunscribe a un objeto. ¿No asistimos a esta escena de sexo virtual fallido, *awkward*, donde una mujer le pide que la ahorque con un gato muerto, donde para él solo hay falla erótica al descubrir del otro lado a un hombre, es decir, alguien que asiste a un encuentro sexual, busca su asunto y sale lo más rápidamente posible?

Con esto el autor nos prepara para entender por qué el problema de no tener cuerpo sólo lo es para ella, pues de cuerpo ella tiene para él lo que necesita, es decir, el objeto voz que ha sido diseccionado en el sexo telefónico. Fetiche de pies, objeto voz, nos muestran cómo los hombres aman a las mujeres, tomándolas por un objeto. Pero qué digo, todavía no decimos cómo las aman, sino cómo pueden gozar de ellas, cómo pueden desearlas sexualmente.

Pues él no la ama cuando goza de ella la primera vez que tienen relaciones sexuales. A la mañana siguiente, awkward, él le tiene que dar su discurso de que no está listo para un compromiso. El amor para él va apareciendo despacito, de modo que la señal nos la da el amigo cuando, luego de escucharlo escribir una de las cartas de amor que constituyen su trabajo, le dice que es parte hombre y parte mujer. Para amar no basta tener acceso a lo que llamamos el *objeto a*. Tiene que suceder el milagro de que ese objeto se convierta en un significante de la falta en el Otro, es decir, los hombres aman a las mujeres en la medida en que su objeto de goce se convierte en un síntoma para ellos, algo que dice Otra cosa, y que prefigura Otra satisfacción.

Por ello el ultimátum lastimero "eres mía o no" en la escena de las escaleras. Es porque por ese milagro el hombre llega al límite de la feminidad, al límite donde quiere ser amado por único, precisamente como una mujer. Pero en ese límite donde se pone en cuestión su hombría, donde ha renunciado a su especie organizada por jerarquías, donde solo quedan su síntoma y él, donde él puede vislumbrar lo solas que están las mujeres, lo a merced del amor en que se encuentran, es insoportable que algo se mueva de su sitio, pues si aun es un hombrecito, es porque lo es para ella. Y si algo se mueve, él caería como el objeto recortado del cuerpo, inservible, desechable. El amor entre Theodore y Samantha es pues un amor imposible.

De modo que si uno espera una última escena de pasaje al acto ante el abandono de Samantha, que tendría que ser un salto del edificio, dado que no hay feminicidio posible en este caso, no es sino por el hecho de estructura que se manifiesta en este *awkwardness* magistralmente manejado durante toda la película. El cuerpo estorba en cuanto se está frente al enigma que plantea la feminidad. Ese enigma es irresoluble pues le devuelve a él mismo un cuestionamiento sobre la certidumbre de tener un cuerpo. Para ella también es irreductible, pero aunque el Estado y el mercado crean lo contrario, ellas tienen las de ganar en el amor. Primero porque ellas están más familiarizadas con lo que no sirve para nada y luego, porque ya entran al problema con la solución. Y la solución es que nunca se está completamente domesticado. Además para ellas es perentorio percatarse de que ya tienen la solución, pues si no lo entienden el amor es una catástrofe. Pero si ellos no lo entienden se quedarán en régimen de aislamiento, en esa media vida, cómodamente instalados con su pequeño pipí o alguno de los maravillosos substitutos que todos los días inventa la ciencia.

Amy para él siempre ha presentado interés, la historia de ellos dos corre delicada, muy por debajo del registro amoroso en el que se mueve el duelo por el divorcio con Catherine o el naciente amor por Samantha. Mientras el esposo de Amy no quiere saber nada, y es apenas cuando ella lo bota que se le ocurre callarse la boca, Theodore sí se interesa por su producción artística, por cómo le va en el trabajo, porque no se deje aplastar por la culpa.

Por ello merece nuestra plena atención que en la última escena, en el último instante, no hay una melancolización producto del desencuentro descarnado entre los sexos. El autor nos ha planteado con sutileza las dos opciones, pero "Un golpe de tu dedo sobre el tambor…"

Tanto Amy como Theodore están huérfanos, ella ha perdido su determinación por hacer existir la pareja con su esposo y su amiga se ha ido al cielo de los sistemas operativos; él abandonado, caído del último lugar donde podía refugiarse como excepción, donde lo masculino podía existir, ser al menos la excepción para una. "Es el alzamiento de los hombres nuevos y su caminar…"

Ella posa su cabeza sobre el hombro de él "¡El nuevo amor!"

Los dos están indeterminados "¡El nuevo amor!"

Más allá de sus determinaciones, de sus estilos sexuados, se encontrarán en el espacio sin fin entre las palabras. A veces sí y a veces no, pues el amor entre Amy y Theodore es un amor contingente. "Llegada desde siempre, tú que irás por todas partes."

Así el amor encuentra una ligereza que no desprecia lo anterior, sino que lo transfigura. El amor necesario es un pacto del que no sabemos quién lo firmó, por el cual hay esforzarse, pero no hay que morir por él como Romeo y Julieta. El amor imposible es un rasgón irreductible, por el que a veces entra mucho sufrimiento, pero que no plantea necesariamente una melancolización. Finalmente el amor es un encuentro contingente, por el que no hay que afanarse demasiado, feminizarse puede consistir aquí en saber esperar tejiendo a que el encuentro inesperado llegue. Ahí donde el *awkwardness* puede convertirse en el signo de que se está frente a algo inconmensurable, que no perdona el sexo biológico que en suerte toca a los cuerpos.

De modo que la película nos da una clave para su lectura. Es como las cartas que teje Theodore, hechas de retazos de las vidas de los otros, donde el arte bordea el agujero del malentendido irreductible entre los sexos. ¿Será esta la carta de Spike Jonze a su Amy, a su Samantha, a su Catherine? Lo cierto es que es una carta viva. Y las cartas de amor son singulares, tanto por su destinatario primario que es el objeto amado, como por su destinatario real que es lo que de uno resiste a la domesticación del lenguaje.

TRABAJOS CITADOS.

1. **MÁRQUEZ, C.** *Zombis, rinocerontes y la verdad en psicoanálisis.* Caracas : Tropykos, 2013.

2. **ROMERO, G.** George Romero and Down of the Dead. *Forbidden Weekend.* BBC, Londres, 02 de febrero de 1997. págs. http://www.youtube.com/watch?v=4VhkhQSdi-l.

3. **MILLER, J-A.** Presentación del tema del IX° Congreso de la AMP. *Asociación Mundial de Psicoanálisis.* [En línea] 26 de abril de 2012b. [Citado el: 01 de agosto de 2012.] http://www.wapol.org/es/articulos/Template.asp?intTipoPagina=4&intPublicacion=38&intEdicion=13&intIdiomaPublicacion=1&intArticulo=2468&intIdiomaArticulo=1.

4. **KAFKA, F.** Preocupaciones de un jefe de familia. *Obras completas.* Barcelona : Edicomunicación, 1999.

5. **LACAN, J.** Freud por siempre. *Entrevista con Emilia Granzotto para la revista Panorama.* [En línea] 21 de 11 de 1974. http://www.psi.uba.ar/academica/carrerasdegrado/psicologia/sitios_catedras/practicas_profesionales/162_hospital_dia/material/docentes/freud_por_siempre.pdf.

6. **FREUD, S.** Análisis de la fobia de un niño de cinco años. *Obras completas, Volumen X.* Buenos Aires : Amorrortu, 2000.

7. **LAURENT, E.** Principios rectores del acto analítico. [En línea] 2006. [Citado el: 01 de enero de 2014.] http://ampblog2006.blogspot.com/2006/09/principios-rectores-del-acto-analtico.html.

8. **FREUD, S.** La interpretación de los sueños. *Obras Completas, Volumen V.* Buenos Aires : Amorrortu, 1998.

9. —. Sobre el psicoanálisis "silvestre". *Obras completas, Volumen XI.* Buenos Aires : Amorrortu, 1999.

10. **LACAN, J.** Proposición del 9 de octubre de 1967 sobre el Psicoanalista de la Escuela. *Otros escritos.* Buenos Aires : Paidós, 2012.

11. —. Acto de fundación. *Otros escritos.* Buenos Aires : Paidós, 2012.

12. —. El seminario de Caracas. *El psicoanalista lector.* [En línea] 12 de 07 de 1980. http://elpsicoanalistalector.blogspot.com/2007/08/jacques-lacan-el-seminario-de-caracas.html.

13. —. Televisión. *Otros escritos.* Buenos Aires : Paidós, 2012.

14. **MILLER, J.-A.** *El lugar y el lazo.* Buenos Aires : Paidós, 2013.

15. La teoría de la relatividad. *Escolar.com.* [En línea] [Citado el: 01 de 04 de 2014.] http://www.escolar.com/article-php-sid=32.html.

16. **LACAN, J.** La dirección de la cura y los principios de su poder. *Obras escogidas I.* Barcelona : RBA, 2006.

17. —. Prefacio a la edición inglesa del Seminario 11. *Otros escritos.* Buenos Aires : Paidós, 2012.

18. —. Entrevista a Jacques Lacan en la Universidad de Yale. *ElSigma.com.* [En línea] 24 de 11 de 1975. http://www.elsigma.com/entrevistas/entrevista-a-jacques-lacan-en-la-universidad-de-yale/11644.

19. **MILLER, J.-A.** El Inconsciente y el Cuerpo Hablante. *wapol.org.* [En línea] 2014. [Citado el: 09 de 09 de 2014.] http://wapol.org/es/articulos/Template.asp?intTipoPagina=4&intPublicacion=13&intEdicion=9&intIdiomaPublicacion=1&intArticulo=2742&intIdiomaArticulo=1.

20. **LACAN, J.** El psicoanálisis verdadero y el falso. *Otros escritos.* Buenos Aires : Paidós, 2012.

21. **FREUD, S.** De la historia de una neurosis infantil. *Obras Completas, Volúmen XVII.* Buenos Aires : Amorrortu, 1999.

22. **LACAN, J.** *El Seminario de Jaques Lacan, Libro 20: Aun.* Buenos Aires : Paidós, 1991.

23. —. La significación del falo. *Escritos 2.* México : Siglo XXI, 1985.

24. **TARRAB, M.** *La fuga el sentido y la práctica analítica.* Buenos Aires : Grama, 2008.

www.ingramcontent.com/pod-product-compliance
Lightning Source LLC
Chambersburg PA
CBHW072107280526
45788CB00006B/2437